평범한
사람들의
살아온
이야기

평범한 사람들의
살아온 이야기

펴 낸 날 2025년 09월 10일

엮 은 이 최점현
지 은 이 김민호, 김슬옹, 김향자, 박균용, 박연수, 박정훈, 손영종, 이승필, 이안규,
        이준환, 최점현
펴 낸 이 이기성
기획편집 서해주, 최인용, 권희연
표지디자인 서해주
책임마케팅 이수영, 김정훈
펴 낸 곳 도서출판 생각나눔
출판등록 제 2018-000288호
주   소 경기도 고양시 덕양구 청초로 66, 덕은리버워크 B동 1708호, 1709호
전   화 02-325-5100
팩   스 02-325-5101
홈페이지 www.생각나눔.kr
이 메 일 bookmain@think-book.com

- 책값은 표지 뒷면에 표기되어 있습니다.
  ISBN 979-11-7048-908-5(03810)

Copyright ⓒ 2025 by 김민호, 김슬옹, 김향자, 박균용, 박연수, 박정훈, 손영종, 이승필,
이안규, 이준환, 최점현 All rights reserved.

- 이 책은 저작권법에 따라 보호받는 저작물이므로 무단전재와 복제를 금지합니다.
- 잘못된 책은 구입하신 곳에서 바꾸어 드립니다.

서로가 필연이 되어 쓴 한 권의 책

평범한 사람들의 살아온 이야기

최점현 엮음

김민호
김슬옹
김향자
박균용
박연수
박정훈
손영종
이승필
이안규
이준환
최점현

생각나눔

들어가는 글

우선 이 책을 접하는 독자들께 감사한 마음을 전한다. 독자가 읽고 싶은 책을 선택할 때는 여러 가지의 이유가 있기 마련이다. 이 책도 독자가 나름의 이유로 택한 것이기에, 그 이유를 불문하고 감사할 따름이다. 자신의 글을 독자들이 읽어 주기를 바라는 것은 필자의 공통된 마음이기 때문이다. 더욱이 이 책에 담긴 의미에 공감해 준다면 더할 나위 없겠다.

진인사대천명(盡人事待天命), 할 일은 다 하고 하늘의 뜻을 기다려라.
대기만성(大器晩成), 큰일은 많은 노력 끝에 천천히 이루어진다.
무한불성(無汗不成), 땀 흘리는 노력이 없이는 뜻을 이룰 수 없다.
무괴아심(無愧我心), 무슨 일이든 자신에게 부끄럽지 않도록 하라.

살아오면서 여러 번 들어왔었고, 사용하기도 했던 문구들이다. 많은 가정에서는 가훈(家訓)으로 삼고, 집안 자손들에게 도덕적 실천 기준으로 가르치기도 한다. 대부분 부끄러울 일이 없이 올바르고 꾸준히 노력하면 시간이 지나가도 반드시 이룬다는 의미이다. 자손들이 좋은 가치관(價値觀)을 갖고 살기를 바라는 캐치프레이즈(catchphrase, 사람의 주의를 끌기 위해 사용되는 문구나 문장)로 생각해도 무방할 것이다.

어떤 이는 자신의 가치관을 이렇게 표현했다. "사람의 일생은 무거운 짐을 지고 먼 길을 가는 것과 같다. 서두를 필요 없다. 자유롭지 못함을 항상 곁에 있는 친구로 삼는다면 부족할 것은 없다. 마음에 욕심이 생기면 궁핍했을 때를 걱정하라. 인내는 무사장구(無事長久)의 근원이요, 분노는 적이라 생각하라. 이기는 것만 알고 지는 것을 모르면 그 피해는 너 자신에게 돌아갈 것이다. 너 자신을 탓할 뿐 남을 탓하지 말라. 미치지 못함이 지나친 것보다 낫다."

그러나 한자 성어(成語)에 익숙지 않을 요즈음 세대는 흔히 '오늘을 즐기라'는 의미로 인용되는 카르페 디엠(carpe diem, BC 15년경 로마의 시인 호라티우스가 아우구스투스 황제에게 바친 시의 한 구절)이 더 익숙할 법하다. 우리 세대가 한 번쯤 보았던 미국 영화 『죽은 시인의 사회』(1990)에서, 웰튼 아카데미의 교사 로빈 윌리엄스(존 키팅 선생 역)가 시와 문학을 가르치면서 틀에 박힌 삶을 벗어나라고 사용한 경구로 유명하다. 긍정적으로는 '현재의 상황에 충실하라'는 의미로 사용하기도 한다.

가치관이란, 인간이 삶이나 세계에 대하여 옳고 그름, 좋고 나쁨 등의 가치를 매기는 관점이나 기준이다. 인간의 모든 결정과 행동에 영향을 미친다. 인생의 목적이나 가치 및 그 의미를 이해하고 해석 평가하는 관념과 태도인 인생관(人生觀), 죽음과 삶에 대한 체계화된 견해나 입장이라 할 사생관(死生觀), 직업의 의의와 가치 등에 대한 견해나 입장인 직업관(職業觀)도 그 출발점은 가치관이다. 또한 우리가 선택하고 결정한 것에는 반드시 책임이 따른다. 그리고 어떤 방법으로든 책임을 지기 마련이다. 그러므로 좋은 가치관을 갖는 것이 매우 중요하다고 본다.

잠시 요즈음을 되돌아본다. 일제의 강점으로부터 벗어난 후 2025년 현재까지 80년이 지나갔다. 우리의 부모님 세대는 대부분 영면하시거나 인생을 마무리하고 계신다. 그동안 우리는 6·25전쟁 이후에도 군사 정변과 각종 사건, 항쟁으로 격변하는 시대를 지내야 했다. 국가가 경제적으로 도산의 위기에 빠진 적도 있었다. 그런 우여곡절을 극복하면서 성장하는 것이 삶인가 싶기도 하다. 그럼에도 불구하고 해방 이후 정치적으로는 나아진 것이 없어 보인다. 현직 대통령을 제외하고 온건히 직무를 수행하고 퇴직한 이후 무탈했던 인원은 13명 중에 단 3명에 불과하다. 지극히 비정상적이다. 때로는 조선시대에 빈번했던 사화·옥사·환국의 시대를 떠오르게 한다. 그런

데도 이 정도의 경제적 수준과 나름의 질서를 유지하고 있다는 것이 신통하다. 언제까지 이런 현상이 계속될지는 알 수 없지만, 인내와 끈기로 버티어온 슬기로운 국민들의 덕분임에는 틀림이 없다.

이 책의 필자들은 다양한 직종에 종사했다. 아직도 현업에 바쁜 이도 있다. 필자들끼리 서로를 잘 알지도 못한다. 그러나 공통점이 있다. 어려운 시대를 살아오신 부모님 세대를 거울삼아 열심히 제 역할을 다하고자 노력했다. 평범한 사람들이지만 시대적 역경을 함께 헤쳐나왔다. 그리고 자신의 삶에 충실하게 노력하여 관련 분야에서 성취한 이들이다. 올바른 가치관의 중요함을 잘 알고 있는 사람들이다. 우리의 삶을 이어서 살아가는 사람들이 더 좋은 세상에서 살기를 바라는 마음도 갖고 있다.

그래서 서로가 필연(筆緣, 글로써 인연을 갖는다는 의미)이 되어 한 권의 책을 엮게 되었다. 이 책에는 필자들이 살아온 인생을 되돌아보아 남기고 싶은 지혜와 지식을 담고자 했다. 부디 이 책을 읽는 독자들의 가치관에 조금이라도 좋은 영향을 드리게 되길 바란다.

2025년 6월 30일
집필진의 뜻을 모아 박연수

목 차

들어가는 글 4

삶·경험

제1부

성공을 원한다면 당신의 행동을 점검하라 / 김민호 ·· 14
비난보다는 존중하고 감사하라 / 김민호 ······· 19
내 삶을 바꾼 캐나다 여행 / 김향자 ········· 24
인생과 조직생활에도 전략이 있다 / 박균용 ····· 31
어느 병사(兵士)의 죽음으로부터 배우는 교훈 / 박연수 · 48
미래에 투자하라 / 박정훈 ············· 61
아버지의 가르침 / 손영종 ············· 82
이걸요? 제가요? 왜요? / 이승필 ········· 85
아버지의 당부 / 이준환 ············· 89
20년 전의 만남! / 최점현 ············ 94
당신은 로완인가?, 아이히만인가? / 최점현 ···· 99
인정(認定)하고 칭찬하라! / 최점현 ········ 103

역사 · 지혜

제2부

본질(本質)에 집중하면 당당할 수 있다 / 김민호	110
소통의 '징검다리'를 만들어라 / 김민호	114
전화위복의 지혜와 영광 / 김슬옹	120
놀기 위해 일한다! / 김향자	128
북방 유목민족으로부터 배우는 교훈 / 박연수	133
후기 조선으로부터 배우는 교훈 / 박연수	143
정승집 개 이야기 / 손영종	153
형님의 한마디! 삶을 바꾸다 / 이승필	157
소중한 마중물이 되자 / 이안규	160
우리의 삶은 어항 속의 물고기이다 / 이준환	163
Check! Recheck! Double Check! / 최점현	167
거짓말! 절대 악(惡)인가? / 최점현	173

사랑 · 존중

제3부

나의 인생을 독창성 있게 살아가라 / 김민호 · · · · 180

명품(名品)으로 포장하지 말고 명품을 만들어라 / 김민호 183

황금 주머니를 단 천사 / 김향자 · · · · · · · · 186

군 복무를 마치는 박군(朴君)에게 전하는 말 / 박연수 · 190

인생의 제2막을 열어가는 군(軍)의

후배들에게 드리는 글 / 박연수 · · · · · · · · 200

세상은 아버지들에게 변하라고 외친다 / 손영종 · · 208

Attitude is Everything / 이승필 · · · · · · · · 212

소중한 사랑은 가까이에 있다 / 이안규 · · · · · 217

준비된 인생 2막은 행복하다 / 이준환 · · · · · 220

조심(操心)도 훈련이 필요하다 / 최점현 · · · · · 225

위기대처 능력! 실생활에서도 필요하다 / 최점현 · · 228

진실도 때로는 악(惡)이 된다 / 최점현 · · · · · · 232

엮은이의 말 236
저자 소개 237

Stories of
ordinary
people's
lives

제1부 삶·경험

성공을 원한다면 당신의 행동을 점검하라

-

김민호(우석대학교 교수)

"물 들어올 때 노 저어라."라는 문구는 우리에게 모처럼 오는 기회를 잡으라는 말로 대변된다. 하지만 우리가 살아가는 동안에 기회는 지구의 자전운동으로 생기는 밀물처럼 일정한 주기로 오지는 않는다. 그래서 모처럼의 기회가 왔을 때 성공으로 이어질 수 있도록 사전에 준비해야 한다.

1997년 대통령 선거에서 김대중 후보는 세 번의 대선 도전 끝에 '준비된 대통령'이라는 슬로건 아래 네 번째 대선에 출마하였다. 그는 세 번의 낙선 경험과 수많은 의정활동을 통해 얻은 경험을 국민에게 준비된 대통령이라는 강한 인상을 심어 주었고 마침내 대통령에 당선되었다. 유권자들은 갑자기 직면한 1997년 IMF 위기 상황에서 그의 짧은 슬로건을 통해 희망과 안정의 등불을 보았을 것이다. 그는 과거의 패배를 아픈 상처로 남기지 않고 승리를 향한 원동력으로 활용하여 경쟁자를 물리치고 대통령으로 당선되었다.

물이 들어올 때 노를 저어 거친 바다를 항해하고 안전하게 항구로 복귀하기 위해서는 물이 들어오기 전에 치밀한 계획과 준비를 하고 항해가 가능한 배를 만들어야 한다. 침수의 우려는 없는지, 선체는 거친 풍랑을 헤치고 항해할 수 있는지, 선박의 엔진 역할을 하는 노는 추진력을 낼 수 있는 형태와 견고함을 유지하고 있는지 등을 살펴야 하고 완벽하게 정비를 하여야 한다. 그래야만 망망대해에서 휘몰아치는 파도에 침몰하는 비극을 맞지 않고 안전하게 항구에 정박할 수 있다.

히말라야에는 8,000m 이상의 고봉이 14좌가 있다. 수많은 사람이 14좌를 완등하기 위해 죽음을 무릅쓴 등정을 시도한다. 이들이 정상 정복을 위해 최종적으로 준비를 하는 곳이 베이스캠프(Base Camp)이다. 이곳에서 자신의 건강과 체력, 우발 상황에 대처하는 요령, 루트의 안정성, 기상 상황 등을 최종적으로 준비하고 확인한 후에 정상 정복을 시도한다. 그럼에도 정상 정복에 실패하면 베이스캠프로 복귀 후 다시 준비하여 최종적으로 정상 정복이라는 목표 달성과 함께 기쁨과 쾌감을 누리는 것이다.

한국에서 가장 인기 있는 스포츠인 프로야구는 시즌이 종료되면 모든 팀은 스프링 캠프를 설치하여 다음 시즌에서 우승하기 위한 동계 훈련을 한다. 동계 훈련을 통해 선수의 기량을 향상하고 이를 토대로 팀 전술을 완성하여 우승을 위한 장기 레이스를 펼친다.

등반가가 베이스캠프를 설치하여 등정을 위한 최종 준비를 하고, 프로야구 구단이 스프링 캠프를 설치하여 동계 훈련을 통해 우승을 노리듯 우리도 목표를 설정하고 달성하기 위해서는 자신만의 베이스캠프를 설치하여 목표 달성을 위한 수많은 조건을 충족시켜 나가는 노력을 해야 한다.

파레토 법칙(Pareto principle)은 경제와 사업 분야에서 상위 20%가 80%에 영향을 미친다고 했다. 조직에서 영향력을 행사하고 명예와 경제적 측면에서 명성을 얻고자 한다면 조직 내의 일하는 20%가 되어야 한다. 그래야만 조직에 유용한 구성원이 되고 조직과 함께할 동료가 될 수 있는 자격이 되며 궁극적으로 리더의 자리에 오를 수 있는 것이다. 인간은 사회적 동물이기에 조직의 구성원으로 단체생활을 하면서 자신의 능력과 역량을 발휘해야만 한다.

조직과 단체생활에서 경쟁하고 경쟁에서 우위를 달성하여 최종적으로 상위 직위에 진출하게 된다. 흔히 상위 직위로 진출하는 기회와 영광을 얻은 것은 지금까지의 업무의 성과에 대한 개인의 능력과 노력에 대한 보상이라고 생각할 수 있다. 하지만 다른 한편으로는 상위 직급에서 업무 수행에 대한 기대감이 있기에 그 사람의 역량을 고려하여 진급하였다고 볼 수 있다. 대리직급에서는 훌륭하게 업무 수행을 했지만 차 상위직 위에서는 실망스러운 모습을 보여주는 사례를 주변에서 흔히 볼 수 있다. 이러한 현상은 다음 직위를 수행할 역량을 사전에 갖추지 못했기 때문에 발생한 것이다. 따라서 현재 위치에서 능력 발휘와 함께 다음 기회와 목표에 대비하여 역량을 개발하여야 한다. 지금까지의 세대와는 전혀 다른 사고와 행동을 지닌 MZ세대도 사회생활을 하면서 타인과의 갈등, 조직의 성과 달성, 승진 등에 있어 수많은 마찰 요인과 도전 요인에 직면하게 되는데 좌절하지 말고 스스로 극복해야만 한다.

조직에서 승진 시기에만 반짝 업무에 집중한다고 승진하는 것은 아니다. 승진하기 위해서는 열정적으로 임무를 수행하고 도덕적으로 비난받을 수 있는 언행은 삼가야 하며 직무와 관련된 자기 개발을 꾸준히 해야 한다. 그래야만 승진 시기가 되었을 때 외부의 자극에 흔들림과 승진에 대한 두려움을 극복하고 당당하게 승진할 수 있는 것이다. 승진에는 두 가지 유형이 있다.

첫째 유형은 개인의 능력은 부족하나 보이지 않는 힘이 '시켜주는 승진' 유형이고 둘째는 뛰어난 업무능력으로 '본인이 승진'한 유형이다. 첫째 유형은 승진 당사자는 물론이고 조직의 시스템과 발전에 악영향을 미칠 것이고 더 이상의 승진은 기대하기 힘들 것이다. 두 번째 유형은 계속해서 조직의 발전에 기여하고 이후에도 승진 가도를 달려 궁극적으로 조직을 대표하는 자리에 오를 수 있다.

과학기술의 발달로 많은 영역에서 AI가 인간을 대체하고 있다. 이제는 인간 상호 간의 경쟁을 넘어 AI와 경쟁하면서 협업해야 한다.

경쟁에서 우위를 확보하기 위해서는 물이 들어올 때 노 젓는 것은 지극히 당연하며, 상대보다 노 젓는 횟수를 늘려 배의 추진력을 높이도록 해야 한다. 아울러 언제라도 출항이 가능하도록 선박을 관리하고 유지해야 한다. 기회가 왔을 때 성공적으로 기회를 활용하기 위해서는 기회가 오기 전에 얼마나 준비하느냐에 따라 성공 여부가 결정되는 것이다. 지금 기회가 오지 않았다면 다음 성공을 위해 능력을 키우고 역량 강화에 시간과 노력, 열정을 투자하라는 신호이다. 지금의 행동이 미래의 성공을 견인하는 원동력이며 미래의 청사진이다. 당신의 미래를 상상해 보고 그 미래를 위해 지금 준비하고 실행해야 한다.

비난보다는 존중하고 감사하라

-

김민호(우석대학교 교수)

나는 남해안의 섬에서 태어나 군대에서 장군의 반열에 올랐다. 시쳇말로 그 흔한 연줄도 없고 배경도 없이 오로지 직무에만 충실하면서 헌신과 희생의 자세로 근무하였다. 장군으로 진급하니 고향에 축하 현수막이 붙여졌고 홀로 사시는 모친은 오랜만에 어깨에 힘이 들어가고 흐뭇해 하셨다. 장군으로 진급한 후에 지인들로부터 군 생활하면서 가장 기억에 남는 것이 무엇이냐는 질문을 자주 받았다. 수많은 사항이 머리에 각인되어 있지만 그래도 그중에 하나 스스로에게 떳떳하며 군인으로서 자랑스럽고, 인간으로서 도덕적으로 부끄럽지 않은 행동이라고 생각한다. 소령 시절에 모시던 지휘관과 코드가 맞지 않아서, 냉철히 말하면 내가 업무를 잘못해서(?) 힘든 시기가 있었다. 엄청난 스트레스를 혼자서 감내하기가 힘들어 신앙의 힘으로 마음을 가다듬고 생각을 정리하면서 해법을 찾고자 했던 시간을 기억하지 않을 수 없다. 기도의 핵심 내용은 상관이 비록 나를 힘들게 하지만 내가 상관을 미워하거나 뒷담화를 하지 않도록 해 달라는 내용이었다. 통상적으로 어느 조직에서나 마찰과 갈등이 있으면 상대를 비방하고 타인에게 좋지 않게 이야기하는 것이 일반적이다. 하지만 나는 결코 나의 상관을 비방하거나 험담하지 않았다.

그리고 얼마 후에 타 부대에 전출 갔는데 어느 날 같이 근무했던 선배 장교가 찾아와 당시 지휘관의 지시라면서, 함께 근무했던 부지휘관의 부적절한 행위에 대해 확인서를 작성해 달라는 것이었다. 그러면서 선배 장교는 만일 부지휘관의 비행을 기록으로 작성하지 않으면, 앞으로 나의 군 생활에 지장이 있을 것을 암시하는 상관의 의도도 내비쳤다.

나는 부지휘관은 부당한 행위를 하지 않았다고 선배에게 말하고, 그 사실을 선배도 잘 알고 있지 않느냐고 되물었다. 그리고 나는 단호하게 이러한 압력에 협조할 수 없다고 한마디로 거절하면서 앞으로 군 생활은 나의 영역이므로 내가 헤쳐 나가겠다고 말했다. 이후 군 생활하면서 그 지휘관 선배와는 다시 근무한 경험은 없지만 당시 상관의 지휘권 행사가 어느 정도 영향을 미쳐 상위계급의 진출에 어려움은 있었지만, 궁극적으로 나는 장군으로 진급하였다. 만약 그 당시에 내가 상관을 비난하고 미워했더라면 그로 인해 나는 정상적으로 군 생활을 하기 어려울 만큼 마음의 상처가 컸을 것이다.

프리드리히 니체(Friedrich Nietzsche)는 "원한에 사무친 열정보다 사람을 더 빨리 소모시키는 것은 없다"고 하였다. 다시 말해 원한을 가슴속에 품으면 자신이 가장 먼저 망가진다는 것이다. 그래서 원한을 품지 말라는 것이다. 상대가 나를 비난했다고 해서 그를 원한의 대상으로 삼으면 분노의 마음이 나를 더 빠르게 멍들고 피폐하게 만들어 불행하게 된다. 그래서 나는 30대의 젊은 시기에 상관을 비난하거나 미워하지 않는 마음을 가장 멋진 군 생활의 하나로 꼽으며, 후배들에게 가끔 나의 사례를 이야기하면서 어떠한 경우도 상대방을 비방하거나 험담하지 말라고 강조했다. 당사자 앞에서 하지 못할 말이라면 절대로 뒷담화하지 말라는 것이다.

사람들은 잘한 것 아홉 가지를 칭찬하기보다는 잘못한 것 한 가지를 비난한다. 특히 상대가 자신보다 성공했거나 공부를 잘하거나 심지어 얼굴이 잘생겼다는 이유만으로도 비난하기도 한다. 나의 지인 간에 있었던 사례로 A는 B와 만나 정답게 얘기하면서 C에 대해 비난과 험담을 하고 헤어졌는데, 잠시 후 A는 C로부터 한 통의 문자를 받았다. 그 내용인즉 "나 없는 데서 사람 험담하지 말라"는 내용이었다. A와 만남을 마친 B는 곧바로 C에게 전화하여 A가 너에 대해 좋지 않은 말을 했다고 말한 것이다.

누군가의 삶에 대해 당사자 앞에서 하지 못할 말은 뒷담화로 얘기하지 마라. 비난을 하고 싶으면 앞에서 대면해서 당당히 말하고, 없는 데서는 차라리 칭찬을 마음껏 해라. 그러면 상대방은 당신을 진정한 친구로 생각하게 될 것이고 충고를 기꺼이 수용할 것이다. 인성이 훌륭한 사람은 상대를 비난할 줄 몰라서 안 하는 것이 아니라, 자신의 성숙한 도덕과 품성으로 상대를 진정으로 존중하고 배려하기 때문이다.

만약 지금 당신이 누군가를 비난하고 있다면 당장 칭찬으로 바꾸고, 누군가로부터 비난을 받았다면 쉽지 않겠지만 상대를 용서하거나 비난 자체를 그냥 잊어라. 그래야만 내가 행복하고 등나무처럼 복잡하게 얽힌 인간관계가 풀어진다. 사소한 것에 상대를 존중하고 배려하면 내가 상대로부터 더 크게 존중 받고 배려를 받는다. 미국의 유명한 방송인 오프라 윈프리(Oprah Gail Winfrey)는 "나 자신을 위해서 용서하라"고 했다. 그녀는 극단적인 선택을 할 정도로 힘든 시기가 있었지만, 자기 자신을 위해 상대를 비난하거나 미워하지 않고 용서했다.

요즘에는 휴대전화가 개인의 필수품이 되었으며, 언제 어디서나 휴대전화를 신체 일부로 인식하고 활용한다. 하지만 휴대전화에 저장된 수많은 지인을 어떠한 이름으로 저장했는지 살펴보라. 전화벨이 울릴 때 발신자를 어떻게 저장하느냐에 따라서 전화를 받는 나의 태도와 언어가 달라진다. 성공한 인간관계를 유지하고 싶다면, 지금 당장 휴대전화의 연락처 목록을 존경의 마음을 담아 사랑하는 OOO 님으로 저장해 보자. 상대를 비난하는 데 소모한 나의 시간과 열정(?)을 과감히 버리고 남을 존중하고 배려하는 자세로 전환해 보자.

내 삶을 바꾼 캐나다 여행

김향자(영남대학교 병원 전문간호사)

필자는 워킹맘이자 시부모님을 모시고 사는 워킹부(婦)이다. 대학을 졸업하고 취업과 결혼을 한 후 아이 셋을 두고 있는 필자의 하루는 24시간도 모자랄 정도다. 시부모님의 도움을 받기는 했지만, 3교대 근무와 긴급환자를 돌보는 의료인으로서 육아를 병행한다는 건 결코 쉬운 일이 아니었다. 늘 잠과 휴식이 부족했다. 그러나 일에 대한 보람을 느끼고 자녀들을 돌보는 보람으로 나름 만족스러운 생활을 해 왔다.

약 20년 전의 일이다. 필자는 캐나다의 한 병원을 방문할 일이 있었다. 처음으로 외국을 간다는 설렘도 있지만, 능숙하지 못한 영어가 제일 걱정이 되었다. 서울의 병원 교수님과 간호사들도 함께하는 일정이어서 조금은 안심이 되기도 했다. 출발하기 전에 여권을 만들고, 영어 회화책을 구매하여 공부도 하고 여벌의 옷도 준비했다. 휴대폰은 있지만 당시에는 로밍이 안 되어 국제 전화카드도 구입하고 환전 등 준비 사항이 한둘이 아니었다. 요즘은 인터넷에서 필요한 정보를 다 얻을 수 있지만 당시에는 주로 책자를 통해 정보를 얻을 수밖에 없었기에 캐나다 안내용 책도 샀다. 병원 견학용 가운도 챙기고 로키산맥 여행을 위해 두꺼운 옷도 챙기느라 캐리어가 꽉 찼다. 꾹꾹 눌러서 담고 나니 너무나도 무거워서 어떻게 끌고 가야 할지 걱정부터 앞섰다. 출발 당일 가족들과 인사를 나누는데 세 살밖에 안 된 막내를 보고 눈물이 핑 돌았다. 지금 생각해도 마음이 찡하다.

설렘 반 두려움 반으로 인천공항에 도착했다. 처음 와 본 공항의 모습은 말로 표현할 수 없었다. 이렇게 넓고 멋질 수가 없었다. 내가 처음으로 와보는 인천공항이 우리나라인지 외국인지 분간이 되질 않았다. 지금은 익숙한 광경이지만 공항 대기실에서 본 외국인의 숫자는 필자가 평생 봐온 외국인 수보다 더 많게 느껴졌다. 세계 곳곳으로 향하는 행선지 전광판이 더욱더 나를 어리둥절하게 만들었다. 책임교수님의 인솔하에 인원 확인을 하고, 서로 인사를 주고받은 후 비행기에 올랐다.

그때 교수님이 알려주신 몇 가지 에티켓이 있었는데 식당 안에서는 립스틱을 바르지 말고, 전날 입었던 옷은 입지 말라고 하셨다. 그 이유는 생략하겠다. 비행기 안에는 의자들이 빼곡히 들어서 있었고, 의자에 앉아서 꼬박 열 몇 시간을 가야 했다. 앉아서 먹고 자고, 줄을 서서 화장실을 이용해야 하니 너무나도 힘들었다. 변화된 환경에 비교적 민감한 필자에겐 이런 상황들이 고역이 아닐 수가 없었다. 여러 편의 영화를 보면서 힘들게 캐나다 밴쿠버에 도착했다. 다행히 안내자가 한국 사람이어서 언어적인 문제는 없었는데 현지 병원 관계자인 캐나다 간호사와는 간단한 인사만 나누었다. 내가 아이가 셋이라는 사실에 모두의 관심을 살짝 받았다는 기억이 스쳐 간다.

낯선 이국땅에 도착해서 처음 보는 풍경들이 너무 좋았다. 처음으로 일상을 벗어났다는 자유로움이 너무 달콤하고 짜릿했다. 아마 이때부터 해외여행을 좋아하게 되었는지도 모른다. 병원은 한국의 병원보다는 모든 게 자유로웠다. 어린이 암병원은 부자가 기부한 멋진 성안에 만들어져 있었고, 병원 내에 커피와 빵을 파는 아름다운 카페가 있었는데 한국 병원 특유의 소독 냄새 대신에 커피 향이 은

은하게 가득 찼다. 참으로 인상적이었다. 미소 띤 얼굴로 친절이 몸에 밴 외국인들에게 비쳤을 나의 모습은 굳고 어색한 표정으로 눈만 동그랗게 뜨고 있는 시골 촌뜨기 그대로였다.

병원에는 거즈나 소독솜들이 거의 일회용으로 포장되어 있었고, 점심 식사는 각자가 샌드위치 같은 간단한 도시락을 챙겨와서 먹는 등 모든 환경이 필자에게는 신기롭기만 했다. 입원환자들은 낯선 이방인에게 어디서 왔느냐는 말부터 물었다. 대부분 일본은 아는데 코리아는 모른다고 했다. 신기하고 경이로운 병원 견학을 마치고 가이드가 준비해 준 대게를 먹었는데 여태껏 먹어 본 음식 중에서 젤 맛있고 배부르게 먹었던 것 같다. 연어 요리도 처음 먹어 보는 생선인데 지금도 그 맛을 잊을 수가 없다. 로키산맥으로 가는 버스 차창 밖으로 자유롭게 뛰어노는 곰들도 신기했다. 혹시라도 뛰어들까 봐 겁이 난다고 하니 일행 중에 한 분이 "나는 한국 사람이다."라고 하면 도망간다고 하면서 캐나다의 곰들도 한국 사람들이 곰의 쓸개를 좋아하는 것을 알고 있다며 꼰대형 우스개를 늘어놓기도 했다.

함께 간 일행 중에는 현직 교수님도 계시고 병원에서 간호사 생활을 하면서 대학원에 다니는 분도 계셨다. 여러분들의 사는 이야기를 들으면서 내가 너무 안일하게 우물 안 개구리로 살았다는 생각이 들었다. 나름대로 열심히 살고 있다고 생각했는데 부족한 나를 발견할 수 있었다.

한국에 도착하자마자 영어 회화책과 테이프를 사고 학원도 다니며 영어 공부를 하기 시작했다. 근데 마음과는 다르게 영어 공부는 너무 어려웠다. 모르는 단어도 많고 문법도 발음도 엉망이었다. 애들이 내 발음 듣고는 키득키득 웃고 난리가 났다. 비록 영어 회화는 계획한 대로 잘 되진 않았지만, 틈틈이 공부하는 습관을 얻은 것은 큰 다행으로 생각한다.

이듬해인 2001년에는 3교대 근무를 하면서 '호스피스 전문간호사' 과정을 수료하기 위해서 1년 동안의 에너지와 휴가를 몽땅 쏟아부었다. 그때 받은 교육 덕에 호스피스 환자를 대하는 나의 모습은 완전히 달라졌다. 그전에는 호스피스 환자를 마주하게 되면 무슨 말을 어떻게 할지 몰랐는데 그 교육을 받고 난 뒤부터는 그들에게 손도 잡아주고, 마음을 열고 들어주며, 시간을 내어 함께 있어줄 수 있는 능력과 여유가 생겼다. 보호자들의 마음을 어루만져줄 수 있는 용기도 생기게 되었다. 지금은 장루 환자를 볼 때 호스피스 마음으로 더 따뜻하게 보듬어 주고 있다. 호스피스 교육 과정 중에 '가정 호스피스' 실습을 하였는데, 가정에 있는 호스피스 환자들을 간호하는 새로운 경험을 하게 되면서 2002년도에는 '가정 전문간호사' 자격증을 취득했다. 힘든 과정임에도 내가 원하는 공부는 재미있고 보람이 있었다.

2006년도에는 서울 모 병원에서 두 달 동안 '국제 상처장루전문간호사 과정'은 보람 있는 의료인으로서 삶을 살아갈 수 있도록 해준 결정적 계기가 되었다. 상처전문 간호사는 각기 다른 상처들을 적절한 방법으로 관리하고, 새로운 상처가 생기지 않도록 예방하고 교육을 하고, 장루전문 간호사는 장루 즉, 인공항문을 관리하고, 장루를 가진 환자와 보호자들에게 장루 관리교육을 한다. 이 일을 하고 있는 나의 일상은 항상 활기차고 의미 있는 시간이다. 나는 출근할 때 '봉사하면서 월급 받는다'는 마음으로 하루를 시작한다. 장루를 가진 환자들이 삶에 적응하고 장애를 극복할 수 있도록 내가 도와줄 수 있는 것만으로도 보람된 일이다.

2008년도에는 대학원에 다니며 부족한 지식을 보충하였다. 논문을 쓰면서 학문적 지식을 의료 현장에 접목하기 위한 고민도 해보았다. 전문 간호사 일을 하면서 공부하고 국내·외 학회 활동도 하고, 강의 등 여러 가지 일을 하면서 정신없이 바쁘게 살고 있다. 오래전 캐나다 연수의 기회가 없었다면 나는 지금 어떤 삶을 살고 있을까? 누구에게나 어떤 기회가 생겼을 때 그 기회를 발판으로 발전시키는 사람이 있는가 하면, 그렇지 못한 사람도 있을 것이다. 그때 여행에 동행했던 어떤 분은 열심히 영어 공부한 후, 미국 간호사로 떠났고, 어떤 분은 단순히 여행에 대한 추억만을 의미로 두기도 했다. 똑같은 경험과 기회가 주어지더라도 본인의 생각과 태도 여하에 따라 훗날의 결과는 달라질 수 있다는 것을 체감한 일이었다. 캐나다 연수는 내 삶을 완전히 바꾼 전환점이 아니었나 싶다.

기적은 믿는 자에게만 일어나고 기회는 늘 준비된 사람에게 찾아온다는 말이 있다. 무심코 일어나는 내 주변의 일들을 소중히 여기고 나를 위한 삶의 새로운 출발점이 될 수 있음을 명심하자.

인생과 조직생활에도 전략이 있다

-

박균용(군사학 박사)

"대대장님 아무래도 OO초소 경계병을 철수해야 할 것 같습니다. 비가 너무 많이 내립니다." GOP 대대장 임무를 수행하던 어느 날, 외박으로 숙소에 있는 나에게 대대 작전과장이 긴박한 목소리로 전화를 했다. OO초소는 지형상 급경사 지역의 정상에 설치되어 폭우 시 붕괴 우려 지역으로 판단했던 초소였다. "현장에 있는 과장의 판단이 가장 정확하니 현 시간부로 경계병을 철수하고 연대와 사단에 보고하시오." 나의 지시로 경계병이 철수하고 30분쯤 지나서 바로 OO초소를 포함한 주변의 GOP 철책선이 무너져 내렸다. 아찔한 순간이었다. 그날 작전과장의 적절한 건의와 나의 결심 그리고 신속한 조치가 없었다면 용사 2명의 생명을 지킬 수 없었다.

인생을 살아가면서 순간의 판단과 선택이 누군가의 진로를 좌우하고, 어떤 일의 성패를 좌우하는 경우가 많다. 그러나 그 순간도 세월이 지나면 또 다른 가치와 결과로 평가되는 경우가 많다. 세월이 흐르면서 "인간만사((人間萬事) 새옹지마(塞翁之馬)"라는 말이 실감난다.

나는 현역으로 30년, 군무원으로 6년을 군(軍)에서 근무하고, 현재는 대학에서 외국인 대학생을 대상으로 한국어를 가르치고 있다. 주로 베트남, 몽골, 우즈베키스탄 학생들이 나에게 한국어를 배운다. 나는 40년 전에는 전혀 생각하지도 못한 일을 하고 있으며, 현재의 일에 큰 기쁨과 행복을 느끼며 살고 있다.

나의 삶에도 부족함과 실패, 그리고 아픔도 많았다. 누구에게나 그런 실패의 경험과 아픔이 있다. 그러나 그러한 실패의 경험이 후배들에게 더욱 교훈적인 이야기가 되지 않겠는가? 누구에게나 하루는 24시간만 주어진다. 심리적, 신체적, 물질적, 경제적 자원이 무한정으로 있는 것이 아니다. 이처럼 유한한 인생이기에 우리에겐 더욱 소중한 시간이다. 그 인생 가운데 우리는 현재의 조직에서 임무를 수행하고 있다. 그래서 우리는 주어진 임무를 잘할 수 있도록 노력해야 한다. 더욱 중요한 것은 지금의 생활이 우리 인생에 가장 행복하고 기억에 남는 생활이 되어야 한다. 같은 일을 하더라도 어떤 사람은 기쁘고 행복한데, 어떤 사람은 늘 불행하고 짜증이 많다. 어떤 사업장은 잘 되지만, 어떤 사업장은 문을 닫고 만다. 어떤 기업은 승승장구하며 성공하는데, 어떤 기업은 현상 유지도 어렵다. 그 차이는 바로 전략에 있다. 전략이 없는 삶은 행복하지 못하고 결국은 불행을 불러오는 삶이 될 수 있다. 결론적으로 우리의 인생과 조직생활에도 전략이 필요하다.

<u>첫째는 조직생활 중에는 현재의 임무에 최선을 다하는 모습이 가장 중요하다.</u>

인생을 운명이라고만 생각하지 말라. 내 그릇의 크기와 깊이는 나의 노력에 따라 달라질 수 있다는 것을 명심하고 최선을 다해야 한다.

<u>둘째는 그 가운데 '준비하는 자에게 기회는 주어진다'는 생각으로 자기 계발에 최선을 다해야 한다.</u>

기회가 오더라도 내가 준비되어 있지 않으면 도전할 수가 없다. 그리고 기본적인 준비가 되었으면 문을 두드리라. 마음만 있고 도전하지 않으면 절대로 내가 원하는 것을 얻을 수 없다.

셋째는 현재의 조직에서 퇴직할 때는 '세상을 넓고 할 일은 많다'는 것을 명심하라.

노력한 만큼 자신의 목표를 이룬다면 얼마나 좋겠는가? 그러나 원하는 목표를 이루지 못하는 경우가 생길 수 있다. 이때 현실을 받아들이고 새로운 도전을 해야 한다.

1. 현재의 임무에 최선을 다하라!

어느 조직에서나 관리자가 되면 조직원을 평가할 수밖에 없다.
그리고 관리자는 조직원의 직무 태도와 자세 그리고 여러 경로를 통해서 그들의 조직을 향한 생각을 알 수 있다. 그러나 대부분 젊은 이는 이를 간과하는 경우가 너무나 많다.

앞에서의 모습과 뒤에서의 모습이 다르고, 나의 뒷모습을 관리자가 잘 모를 것으로 생각하는 경우가 많다. 관리자는 누구인가? 시대가 변했다고 하지만 그들도 한때는 젊은 조직원이었고, 같은 생각을 했던 경험이 있다. 누구보다 후배들의 생각을 잘 알고 있는 사람이다. 개인주의적인 가치관으로 변해가는 현실 속에서 특별히 조직에 대한 주인의식과 온 힘을 기울이는 모습은 눈에 띄게 마련이다.

대부분의 조직문화는 규율과 책임감, 팀워크가 중요하기 때문에,

여러 측면에서 최선을 다하는 모습이 필요하다.

∴ **책임과 역할에 충실하기**

어느 조직이나 각 개인에게 맡겨진 임무와 역할이 있다. 특히 간부는 자신의 임무를 잘 이해하고 그 역할을 충실하게 수행함으로써 전력을 다해야 한다.

자신의 맡은 임무에서 최고의 성과를 내기 위한 끊임없는 노력이 필요하다. 그리고 필요한 지식과 기술을 습득하고 책임을 다하는 모습을 보여야 한다.

그러기 위해서는 관련 규정과 교리에 정통해야 한다. 자신이 속한 조직의 규정과 교리를 알고 업무를 할 때 실수가 없고 자신감 있는 업무 처리가 가능하다.

나는 1992년 초 보병중대장을 마치고 방공중대장으로 보직되었다. 지금은 방공 병과로 다시 분리되어 있으나 1991년 방공포병이 육군에서 공군으로 전군(転軍) 되었다. 당시 육군에 잔류한 대공포는 방공포병에서 방공보병으로 전환되었다. 대학에서 전자공학을 전공했던 나는 나의 의지와 관계없이 1차 중대장을 마친 후 방공여단으로 배치되었다. 준비없이 방공중대장으로 보직된 나는 방공장비에 대한 지식은 물론 적 항공기의 제원조차 전혀 모르는 상황이었다. 중대장 취임 후 3일 만에 예하 발칸 진지에 '진지전투준비태세 평가'가 있었다. 나는 평가관인 대대 정비관(준위)에게 치욕스러운 말을 들었다. "불합격! 보병 중대장이 지휘를 하니 뭘 알겠어!" 엄청난 충격이었다. 그러나 아무 말도 할 수 없었다. 그때부터 나는 발칸 진지 순찰을 하면서 병사들과 함께 장비 조작 연습과 훈련을 하였다. 그리고 관련 규정을 암기하기 시작했다. 6개월이 지난 후 나는 여단에서 실시한 '발칸장비 간부능력평가'에서 1등을 하였고, 우리 중대는 '대공 실탄사격평가'에서 대대 1위를 하는 성과를 얻을 수 있었다. 그리고 발칸 중대장을 마친 후에는 여단 본부대장으로 보직이 되었다. 그러나 나의 지휘권 아래에 들어온 여단 정비관은 그 일을 전혀 기억하지 못했다. 나는 여단 정비관에게 이렇게 말했다. "그때 정비관의 그 말 한마디가 나의 자존심을 자극했고 그 자극 덕분에 오늘이 있는 것 같습니다. 고맙습니다." 당시를 회상하면 자존심을 회복하려는 나의 노력도 절실했지만, 보병 출신 중대장인 나를 위해 헌신적인 조언과 노력을 함께해 준 중대 작전 선임하사와 간부들이 있었기에 가능했다.

∴ 팀워크와 협력의 리더십, 그리고 책임은 나에게

내가 경험했던 군대는 개인의 힘보다는 팀워크가 무엇보다 중요하다. 부대 내의 동료들과의 협력과 소통은 물론 소대원, 중대원의 팀워크를 발휘하는 것이 주어진 목표를 달성하는데 최고의 방법이다.

물론 임무에 따라서는 지휘관(자)의 독단적인 판단과 조치가 필요한 경우가 있을 수 있다. 그러나 일반적인 훈련이나 작전에서는 동료들과의 원활한 소통을 통해 목표를 달성하고, 어려운 상황에서도 남 탓하지 않고 서로를 격려하며 협력하는 모습이 필요하다. 이러한 모습을 통해 부하가 믿고 따르는 지휘관(자)가 될 수 있다.

특별히 위기 상황에서의 리더십은 더욱 중요하다. 침착하게 상황을 파악하고, 적절한 지시를 내려 부대를 지휘하고 대처하는 모습이 필요하다.

서두에 언급했던 GOP 대대장 시절 조치가 실례이다. 폭우 시 붕괴 우려 지역으로 판단했던 초소의 경계병 철수는 30분만 조치가 늦었어도 인명피해가 생길 수 있었던 상황이었다. 당시 작전장교의 적절한 건의와 나의 판단이 우리 용사들의 생명을 지킬 수 있었다.

그리고 업무 결과에 대해서는 "책임은 나에게 공은 부하에게"라는 마음의 자세가 필요하다.

미국의 16대 대통령 에이브러햄 링컨의 사례를 살펴보자.

링컨은 남북전쟁 기간 중 많은 어려움에 직면했다. 그러나 그는 언제나 책임을 자신에게 돌리고 공은 부하들에게 돌렸다. 특히 전쟁 중 승리를 거둔 장군과 병사들에게 전쟁의 공로를 인정하고 칭찬했지만, 실패나 문제가 발생했을 때는 자신이 책임을 졌다.

이 중에서 가장 유명한 사례가 1863년 게티즈버그 전투와 그 이후의 조치였다.

게티즈버그 전투는 1863년 7월 1일부터 3일까지 펜실베이니아주 게티즈버그에서 발생한 남북전쟁 중 북군(연방군)과 남군(연합군) 간에 벌어진 가장 중요한 전투 중 하나이다. 이 전투에서 북군이 승리했지만, 이후 북군이 남군을 추격하여 전쟁의 종지부를 찍지 못한 점이 논란이 되었다. 사실 링컨은 북군 사령관 조지 미드 장군에게 즉각적으로 로버트 E. 리 장군이 이끄는 남군을 추격해 전쟁을 종결할 것을 명령했다. 하지만 미드는 링컨의 기대와 달리 남군을 적극적으로 추격하지 않았다. 결과적으로 리 장군과 그의 군대는 버지니아로 후퇴할 수 있었고, 전쟁은 계속해서 이어지게 되었다.

링컨은 전쟁을 끝낼 기회를 놓친 것에 대한 큰 실망과 좌절감을 느꼈다. 링컨은 미드에게 매우 비판적인 편지를 작성했다. 그러나 그 편지를 보내지 않고 파기했다. 이후 링컨은 공개적으로 미드를 비판하지 않았고, 그의 명예를 지키면서 전쟁의 실패에 대한 책임을 스스로 감당했다. 미드 장군의 승리를 강조하며 그의 공을 인정하고, 군 지휘관에 대한 신뢰를 유지했다.

링컨의 이러한 모습은 그가 단지 명령을 내리는 지도자가 아니라,

부하들을 보호하고 격려하는 진정한 리더였음을 보여준다. 링컨의 리더십이 역사적으로 높이 평가되는 이유 중 하나이다.

∴ 체력과 정신력 강화

군대에서는 체력과 정신력이 매우 중요하다. 체력적으로 부하들과 함께하지 못하면 지휘자(관)로서 리더십 발휘가 힘들다. 따라서 지속적인 체력 단련과 어떠한 상황에서도 포기하지 않는 정신력을 기르는 것이 필요하다.

나는 임관 후 특공소대장 임무를 수행하였다. 당시 특공부대는 훈련소에서 차출된 소대원으로 구성이 되어 있었다. 나는 소대원에 비해 체력은 좋은 편이 아니었다. 그러나 어릴 적부터 수련한 태권도(특공무술) 실력과 꾸준한 체력 단련, 그리고 소대원과 늘 동참하는 노력으로 초급장교 시절을 잘 보낼 수 있었다.

이와 관련된 사례로 2014년 소치 동계올림픽에서 2연패를 달성한 이상화 선수의 이야기를 살펴보자. 이상화 선수는 2010년 밴쿠버 동계올림픽에서 한국의 스피드 스케이팅 역사상 첫 금메달을 딴 선수이다. 그녀는 금메달 획득 후 자만심을 가장 경계하고 현재에 안주하면 결국 더 이상 승리를 할 수 없다는 냉철한 판단을 하게 된다. 이때 이상화 선수는 새로운 전략적 목표를 세운다. 광고나 방송

출연 등 연습에 방해되는 활동을 최대한 자제하고, 1,000미터의 출전 비중을 줄이고 500m에 집중하였다. 그 결과 이상화 선수는 지방량과 체중을 5kg 이상 줄이고, 스케이팅에 필요한 허벅지 근육을 강화하였다. 당시 그녀의 허벅지 사이즈가 23인치에 이를 정도였다고 한다. 이러한 노력으로 그녀는 2014년 소치 동계 올림픽에서 금메달을 획득하여 올림픽 2연패를 달성할 수 있었다. 이상화 선수는 뛰어난 스피드와 기술을 바탕으로 짧은 거리에서 폭발적인 힘을 발휘하는 선수로 유명했다. 그녀의 주 종목인 500m는 짧고 강력한 폭발력이 필요한 종목으로 그 분야에서 세계 최고로 인정받았다. 경기 중에는 엄청난 집중력과 강한 정신력으로 최고의 성과를 내는 모습이 많은 사람에게 도전과 영감을 주었다. 그녀는 2019년 현역에서 은퇴 후에도 한국 스피드 스케이팅의 발전과 후배 양성에 기여하고 있다.

2. 준비하는 자에게 기회는 주어진다.

바쁘고 어려운 여건 가운데서도 자기 계발을 위한 노력이 필요하다. 특별히 현재의 빠르게 변하는 시대에 적응하려면 끊임없이 배우고 새로운 것에 도전해야 한다. 그리고 무슨 일을 하든지 기본적인 자격이 필요한 시대가 되었다. 실력과 능력을 갖추고 있더라도 내가 원하는 직장에서 필요로 하는 기본적인 자격이 없으면 그곳에 지원조차 할 수 없는 것이 현실이다.

나의 경험을 보더라도 군 생활 기간에 꾸준히 자기 계발을 위해 노력하였다. 석사와 박사학위를 군 위탁 장학생으로 공부하였고, 그 결과 군 전역과 동시에 국방부 군사편찬연구소에서 근무할 수 있었다. 연구소에 근무하면서는 60대에는 무엇을 할 것인가를 고민하였다. 그 결과 한류 문화 확산과 외국에서의 생활을 목표로 한국어 강사를 퇴직 후 미래의 직업으로 결정하였다. 목표를 정한 후에 학사 편입을 통해 한국어 교원 자격과 다문화전문가 자격을 취득하였다. 그 결과 현재는 대학에서 외국인 대학생을 대상으로 강의하고 있다. 물론 퇴직 후 바로 대학에서 학생을 가르친 것은 아니다. 원하는 것을 바로 얻을 수는 없었다. 몇 개의 대학에 원서를 넣었으나 경력이 부족하여 선발되지 못했다. 그러나 다른 사람이 원하지 않는 연수생 단기특강 등을 통해 경력을 쌓고, 실패를 두려워하지 않는 끝없는 도전이 결국 지금의 일자리를 만들 수 있었다.

이를 보여주는 좋은 예가 있다. 대한민국의 피겨 스케이팅 선수 김연아를 모르는 사람은 없을 것이다. 김연아는 2010년 밴쿠버 동계올림픽에서 금메달을 획득하며 세계적인 스타가 되었다. 그녀의 성공은 철저한 준비와 노력이 어떻게 기회를 만들어내고, 그 기회를 어떻게 극대화할 수 있는지를 잘 보여준다. 피겨 스케이팅 여자싱글 부분에서 4대 국제대회(동계올림픽, 세계 선수권, 4대륙 선수권, 그랑프리 파이널)의 그랜드슬램을 사상 최초로 달성한 김연아 선수는 그 놀라운 실력만큼이나 믿을 수 없을 정도의 열정과 의지로 가득 찬 선수이다. "점프 하나를 익히는데 3천 번의 엉덩방아를 찧었으며 1번 실패하면 65번씩 연습을 하며 똑같은 실수를 다시 반복하지 않도록 노력했다." 그녀는 자신의 약점으로 지적되었던 트리플 러츠 점프를 보완하고, 체력과 표현력 모두에서 완벽한 연기를 하기 위한 훈련에 집중했다.

그녀는 이중 루프를 추가해 고난도의 연기를 완성하고, 기술과 예술성 모두에서 최고점을 받기 위해 세부적인 부분까지 철저히 준비했다. 특히 올림픽이라는 큰 무대에서 심리적인 압박을 극복하기 위해 정신적인 준비도 게을리하지 않았다. 경기 전날에도 긴장감을 완화하고, 자신감을 높이는 방법을 꾸준히 연습했다. 결국 김연아는 밴쿠버 올림픽에서 쇼트 프로그램과 프리스케이팅 모두에서 세계 신기록을 세우며 총점 228.56점으로 금메달을 차지했다. 이 금메달은 한국뿐만 아니라 세계 피겨 스케이팅 역사에 남을 기록으로 평가받았다. 또한 그녀는 자신의 노력을 국가적 차원으로 승화시키는 데 성공했다. 2011년 세계 선수권 대회 이후에는 2018년 동계올림픽의 대한민국 평창 유치 홍보대사로 활동하여 평창 동계올림픽을 유치하였고, 그 공로로 국민훈장 모란장을 받았다. 김연아 선수는 준비와 노력이 어떻게 기회를 만들고, 그 기회를 성공적으로 활용할 수 있는지를 보여준다. 그녀의 철저한 훈련, 정신력, 부상 관리, 그리고 전략적 사고는 피겨 스케이팅에서 최고의 자리에 오를 수 있게 했으며, 그녀가 이룬 성과는 전 세계적인 존경을 받고 있다. 김연아는 "준비하는 자에게 기회는 주어진다"라는 원칙의 살아 있는 예시라고 할 수 있다.

3. 세상을 넓고 할 일은 많다!

대우그룹 설립자 김우중 회장이 자주 했던 말이다. "세상은 넓고 할 일은 많다!"는 1989년 책으로 발간되어 많은 사람이 읽었던 책의 제목이기도 하다.

우리는 세상을 살면서 '열심히 살면 잘 되겠지'라는 생각으로 살아간다. 열심히 노력한 만큼 자신의 목표를 이루고 노후까지 행복하고 평안한 삶을 살아간다면 얼마나 좋겠는가? 그러나 결과는 사람에 따라서 다르게 나타난다. 여러분도 직장에서 원하는 목표를 이루지 못하고 퇴직을 해야 하는 경우가 생길 수 있다. 중요한 것은 이때 '우리가 처한 현실을 어떻게 받아들이고 어떤 방향으로 새로운 도전을 해 나갈 것인가'이다.

우선 철저한 자기 진단과 미래를 향한 방향 설정이 필요하다. 이럴 때 SWOT 법칙을 이용하면 많은 도움을 얻을 수 있다. SWOT 법칙은 경영학 분석기법의 하나로 특정한 과제를 해결하기 위해 내부 역량과 외부 환경을 조사하는 방법이다. 조사자료를 바탕으로 내부 역량의 강점을 극대화와 약점을 최소화하고, 외부 환경의 기회 요인 활용과 위협 요인을 제거함으로써 전략적 방안을 도출하는 방법이다. 따라서 중요한 것은 자신의 부족함을 탓하고만 있어서는 안 된다. 자신의 강점에 집중하고, 외부의 기회 요인을 발견해서 강점과 기회 요인을 결합한 성공 요소를 끌어내는 것이 중요하다. 그리고 SWOT 분석을 통해서 얻은 결과를 아래 세 가지 질문에 대한 나 자신의 답변을 통해 나의 삶을 전략적으로 만들어야 한다. 앞으로 나의 미래를 위해서는 '내가 무엇을 진정으로 원하는가? 내가 무엇을 좋아하는가? 나의 마음은, 나의 내면은 어떤 소리에 귀 기울이고 있는가?'라는 것을 생각해 보아야 한다.

> 🔍 **나에 대한 질문** ❌
>
> 첫째. 나는(나의 조직은) 무엇을 진정으로 원하는가?
> 둘째. 나는(나의 조직은) 무엇을 할 수 있는가?
> 셋째. 나는(나의 조직은) 무엇을 해야 하는가?

∴ 나는 무엇을 진정으로 원하는가?

나이 50~60이 되었을 때 진정으로 무엇을 좋아하고, 내가 무엇을 하고 싶어 하는지를 잘 모른다면 여러분의 미래는 암울해질 것이다. 지금부터 진정으로 내가 원하는 것은 무엇인지, 내가 좋아하는 것은 무엇인지, 나의 모든 것을 즐겁고 기쁘게 쏟아부을 수 있는 것은 무엇인지를 발견하는 것이 가장 중요하다.

∴ 나는 무엇을 할 수 있는가?

이는 각종 기업에서 전략을 수립할 때 내부 환경을 분석하는 것처럼 나 자신의 강점과 약점을 철저히 파악하고 정리해 보는 것이 중요하다. 나는 어떤 강점과 장점, 그리고 특기를 가지고 있는가? 또는 나는 어떤 문제점과 약점을 가지고 있는가? 이러한 질문에 스스로 답을 하게 된다면 자신이 할 수 있는 일의 범위를 좁힐 수 있고, 그 영역을 종합해서 정리해 볼 수 있을 것이다. 그리고 내가 잘

할 수 있는 것이 무엇인지를 도출해야 한다. 내가 잘할 수 있는 것은 당장은 아니더라도 미래에 내가 가장 좋아하고 삶의 질을 높일 수 있는 가장 행복한 일이 될 수 있기 때문이다.

∴ 나는 무엇을 해야 하는가?

이는 나의 현재 위치를 되돌아보고, 나아가 조직 내에서 내가 전진할 수 있는 목표 설정에 기여할 수 있는 질문이다. 이는 기업의 경영 전략에서 기회 요인, 위협 요인과 같은 외부 환경을 분석하는 것과 같다. 나를 둘러싸고 있는 외부 환경 중에 어떤 기회적 요인과 어떤 위협적인 요인이 있는지를 분석해서 정리를 한다면 그 바탕 위에 내가 해야만 하는 일이 무엇인지를 결정할 수가 있다.

나는 초급장교 시절에 이러한 SWOT 법칙을 이용한 나의 미래를 설계하지 못했다. 당연히 열심히 노력하고 국가에 충성하면 나의 목표를 충분히 달성할 것으로 생각했다. 그러나 현실은 내 생각과 달랐다. 만일 초급장교 시절에 이러한 외부 환경의 기회적 요인과 위험 요인, 나의 장점과 단점을 명확하게 분석해서 준비했다면 지금보다 더 발전된 모습이 되었으리라 생각한다. 그래도 다행인 것은 군 생활 후반기에는 미래를 생각하며 5년 후를 준비해 왔고, 그런 것이 현재 나를 만들 수 있는 기초가 되었다.

마지막으로 비전이 있는 사람과 없는 사람, 비전이 있어도 단기적이고 막연한 사람과 장기적이고 구체적인 사람은 중요한 차이점이 있다. 미국 하버드 대학의 연구 결과에 의하면 "목표가 명확하고 장기적인 사람의 3%로 이 사람들은 각계 사회의 최고 인사가 되었고, 목표가 있으나 단기적인 10%의 사람은 사회의 중상위층이 되었으며, 목표가 희미했던 60%의 사람은 중하위층, 목표가 없었던 27%의 사람은 실직을 반복하고 사회를 원망하는 사람이 되는 비율이 높았다."라고 분석하였다.

여러분의 인생과 조직 생활에 왜 전략이 필요한가?

자기 비전을 구체화하고 시각화하는 것은 자기 동기부여의 원동력이 될 수 있다. 목표가 뚜렷하고 사명과 비전이 확실한 사람은 내일이 기다려지기 마련이다. 가슴 뛰는 사명과 비전을 가졌다면 이미 여러분의 인생은 절반 이상 성공한 사람이다.

어느 병사(兵士)의 죽음으로부터 배우는 교훈

-

박연수(애널리스트)

통계청 자료에 의하면, 2010년의 우리나라 남녀 평균 기대수명(期待壽命)은 80.6세였다. 그러나 최근 10년 동안 기대수명은 계속 증가하여 남녀 평균 83.5세가 되었다. 2052년에는 남자 86.8세, 여자 90.9세가 될 것으로 전망하고 있다. 대부분의 사람들은 자신이 평균 수명보다 오래 살기를 희망한다. 그러나 생명의 모습과 속성은 끝없이 변했지만, 영원한 것이 있다면 죽음이라는 것뿐이다.

그래서 최근에는 웰 빙(well-being, 몸과 마음의 편안함과 행복을 추구하는 태도나 행동), 웰 에이징(well-aging, 노화를 자연스럽게 받아들이고 건강하고 행복하게 나이 드는 일), 웰 다잉(well-dying, 품위 있고 존엄하게 생을 마감하는 일)에 대한 사회복지 서비스가 중요한 부문으로 떠오르고 있다. 혹자는 '잘 죽는 것이 잘 사는 것'이라고 한다. 또 어떤 이는 '앞으로 더 좋은 날을 기대하기 보다는 오늘 당장 자신을 위한 것'을 할 것을 권하고 있다.

그러나 세상에는 예기치 않은 일들로 죽음을 맞는 경우가 적지 않다. 성수대교 붕괴사고(1994.10.21), 삼풍백화점 붕괴사고(1995.6.29), 세월호 침몰사고(2014.4.16)는 느닷없이 일어났고 많은 이들이 생명을 잃었다. 정부와 관련 기관들의 미흡한 조치로 피해가 늘어났다. 얼마나 황당하고 허망한 일인가. 유가족들은 죽은 가족들의 명예를 회복하고자 오랫동안 투쟁했고 정권 교체에도 영향을 미쳤다. 억울한 인명손실이 발생해서는 안 될 일임에도 불구하고 사회의 현실은 여전히 우려할 일이 많아서 안타깝다.

이 글의 초점은 어느 병사가 불의(不意)스런 죽음을 당해서 국민적인 공분을 일으킨 사건에 맞췄다. 앞날이 창창한 젊고 건장한 사람이 뜻밖의 죽음을 맞이한다면 얼마나 허망하겠는가. 더욱이 예방할 수 있는 일이었음에도 희생되었다면 더 말할 나위가 없다.

지난 2023년 7월 19일 어느 병사가 폭우 피해 지역에서 민간인 실종자 수색을 하다가 사고를 당했다. 사고 발생 지역은 경북 예천군 황지리의 내성천(乃城川) 보문교 부근이며, 해병대가 투입되었다. 사고를 당한 병사도 여기에 포함되었고, 자신을 보호할 안전 장비도 없이 내성천에 들어갔다. 그러나 하천 지반이 붕괴되자 급류에 휩쓸려 실종된 후 14시간 만에 사망한 채로 발견되었다.

그곳은 육군 제00보병사단의 관할 지역이지만 해병대가 지원하게 되었다. 어떤 일이든 소소한 사고의 요인은 있기 마련이다. 훈련을 받고 준비되어 있으면 사고를 예방할 수 있다. 그러나 군대가 구조·복구 지원을 위해 훈련된 집단은 아니다. 병사들도 미숙하다. 단지 명령을 따라서 위험을 무릅쓰고 과업을 수행할 수도 있다.

당시 내성천은 수심이 깊고 유속(流速)이 빨랐다. 그러나 병사들은 거의 맨몸으로 투입되었다. 지휘관이 현지의 상황을 잘 알았더라면 애당초 병력 투입 시기와 임무 수행 방법, 추가적인 안전대책에 대해 재검토했어야 한다. 관련 참모들도 건전한 의견을 제공해야 한다. 이것이 올바른 지휘관과 참모의 본분이다. 그러나 무리하게 하천 수색작업을 재촉하고 강행하다 보니 안타까운 인명사고가 발생한 것으로 보인다.

이 사고는 몇 가지 면에서 시사하는 바가 있다.

첫째, 하고자 하는 일에 관한 의사결정, 상황판단과 결심에 관한 것이다.

의사결정은 작은 선택에서부터 삶에 큰 영향을 미치는 중요한 결정까지, 모든 순간에 중요한 역할을 한다. 상황을 정확히 이해하고 때에 맞추어 실행해야 한다. 제한된 상황에서 최적의 의사결정을 내리는 것이 쉽지 않다. 그래서 리더, 즉 지휘자가 중요하다. 바로 그가 의사결정의 중심에 있기 때문이다. 이 사건도 지휘관이 현지의 상황과 부대의 준비상태, 임무의 적절성과 달성 가능성 등을 잘 판단하고 안전에 유념했더라면 예방할 수 있었다고 본다. 특히 상관(上官)의 역할은 부하의 판단을 올바로 잡아 주고, 임무를 원활하게 수행하도록 여건도 보장해 주는 것이다. 그러나 본 사고에서의 상관은 부하들을 독촉하여 운신을 제한시켰으면서도, 부하들의 책임이 컸다는 입장을 고집하는 것 같아서 안타깝다.

둘째, 과업 수행을 위한 책임소재(責任所在)에 관한 것이다.

책임소재란 어떤 것을 처리할 의무가 있거나 누군가를 통제할 의무가 있는 권한이 속하게 되는 주체를 뜻한다. 책임의 주체는 자신이 내린 결정과 행위에 대해 도덕적·법적·정신적 책임의 부담을 지게 된다. 따라서 책임소재를 분명히 해야 한다. 특히 군은 위계(位階)에 따른 지휘체계가 명확하므로 책임소재의 모호함은 없기 마련이다. 그러나 막연한 지시, 어설픈 계획, 낯선 임무, 숙달되지 않은 병력, 독촉하는 상관, 눈치만 보면서 입 다물고 있는 간부 등이 책임소재를 문란하게 한다. 이 사고는 안전을 저해(沮害)하는 요소의 예측과 통제가 부실했던 것 같고, 책임소재도 서로에게 전가하는 등 지휘체계마저 흔들렸다. 있을 수도 있어서도 안 될 일이다.

<u>셋째, 수사(搜査)에 관한 것이다. 수사는 과실에 대한 혐의 여부를 알기 위해 증거를 수집하여 잘잘못을 가려내는 일이다.</u>

그러려면 합법적으로 상황 전반을 진단해서 사실을 밝히고 규명하도록 보장해야 한다. 객관적 사실이 각색되면 진실은 감춰진다. 수사 결과의 보고와 결재, 통수권자를 포함한 외부의 개입설, 결재권자의 갑작스러운 지침 변경, 경찰로 이첩과 관련된 문제, 책임 소재의 조정, 수사 관계관에 대한 위법성 여부, 사건에 대한 특검법 상정 등이 한동안 매스컴을 달구었다. 정치적으로는 빅 이슈가 되었지만, 무엇이 진실이며 은폐된 것은 무엇인지 명백히 밝혀진 바 없다. 이 사고와 직간접으로 관련된 고위 공직자들의 불신감은 상대적으로 증폭되었다. 과실을 은닉·왜곡하려는 자와 밝히려는 자와의 줄다리기가 지속될 것이 자명하다. 그러므로 억울한 병사의 죽음을

치유하기는 요원(遼遠)할 것 같다.

넷째, 인명(人命)에 관한 것이다.

인간의 삶과 기대수명에 관해 서두에서 언급했던 바와 같이, 생명은 유일무이(唯一無二)하지만 유한(有限)하다. 고귀하며 가치를 비교할 대상이 없다. 하물며 병사의 목숨이라고 해서 귀하지 않을 리가 없다. 하지만 불의(不義)스런 욕구 때문에 인명을 가벼이 여기는 자가 있다는 생각이 들었다. 부하를 아끼고 인명을 존중해야 하는 기본 가치관도 갖추지 못한 자에게 많은 권한을 부여하는 것은 매우 위험한 일이 아닐 수 없다. 모든 장병은 어느 부모의 자식이자 가정의 근간(根幹)이며, 사회의 현재와 미래이자 가족으로 함께 살아가는 이유가 되기도 한다. 따라서 군은 군사적이든 비군사적이든 희생이 없거나 최소의 희생으로 목표와 과업을 달성하는 것을 기본으로 해야 한다.

다섯째, 정치권의 속성(俗性)에 관한 것이다.

본디 정치란 사회 구성원들의 다양한 이해관계를 조정하거나 통제하고 국가의 정책과 목적을 실현시키는 일이다. 그러나 우리나라 정치인들이 이러기 위해 노력한다고 생각하는 이는 드물 것이다. 어떤 일이든지 그들은 자신에게 이득이 된다면 물불을 가리지 않기 때문이다. 사리(私利)가 국가의 존립보다 우선했던 조선왕조 후기와 흡사하다. 그러다가 여론이 나빠지면 "국민의 뜻에 따르겠다. 국민과 함께 하겠다"며 꽁무니를 뺀다. 그들이 말하는 3인칭 '국민'은 누구인지 모르겠다.

이번 사건도 정치적으로 이슈화되어 상당 시간 모든 미디어의 뉴스거리였다. 언제 어떻게 마무리될지 알 수 없다. 감추려고 바쁜 이들과 쟁점화하려는 정치인들 사이에서 교묘한 뒷거래도 있을지 모르겠다.

군에서 본 사건을 이첩 받아 1년 가까이 재수사한 경북경찰청은 2024년 7월 8일 수사 결과를 발표했다. 설화(舌禍)를 일으켰던 사단장은 무혐의 처리되었고, 현장 지휘관인 여단장을 포함한 6명은 검찰로 송치(送致)됐다. 경찰의 수사 결과가 부당하다는 의견이 많아지면서 불똥이 추가되었다. 군의 속성을 잘 모르는 경찰의 재수사 결과에는 여러 가지 이견이 있겠으나, 여기에 관해서는 더 이상 논하지 않겠다. 또한 본 사건과 관련하여 항명 혐의와 상관 명예훼손 혐의로 기소되었던 수사단장은 2025년 1월 9일 중앙지역 군사법원에서 무죄가 선고됐다. 경북경찰청과 중앙지역 군사법원이 내린 결론은 서로 다른 뉘앙스를 갖고 있다. 그러나 아직도 종결되지 않은 일이기에 기다려 볼 일이다.

지난 일이지만, 2022년 이전까지는 군에서 발생하는 사고는 군사경찰, 군검찰 등이 수사를 했다. 그리고 재판은 군단급 이상의 군사법원에서 했다. 사건의 규모와 양상에 따라 통제권을 가진 부대 또는 국방부 수사기관에서 담당하기도 했다.

그러나 2021년 5월 21일 공군 제20전투비행단 소속의 여성 부사관이 자살한 사건이 발생했다. 그 부사관은 상관으로부터 여러 차례 성추행을 당했다. 고충을 호소했지만 군 수사기관은 부실하게 수사하고 무마하려다가 2차 가해까지 당한 끝에 자살한 것이다. 국방부의 조치마저 부실했다. 결국 유족들이 억울함을 대외에 호소하면서 국민의 공분(公憤)을 샀고, 결국 특검을 통해서 수사 담당관들이 기소 되었다.

이 사건이 발단이 되어 군사법원법이 개정되어 2022년 7월부터 시행하게 되었다. 군에서 발생하는 성폭력 범죄, 사망에 관한 범죄 등은 일반 법원에서 재판권을 행사하게 되었고, 군단급 이상에 있었던 보통군사법원은 폐지되었다. 1심 군사재판은 국방부 장관 소속의 관할 구역별 군사법원에서 담당하며, 항소심은 서울고등법원에서 담당하게 되었다. 내성천에서 숨진 병사(채 상병)의 순직사고도 이 때문에 경찰로 이관해서 수사를 하게 된 것이다.

또 한 가지는 특검에 관한 것이다. 정치권의 쟁점이 '채 상병 특검법' 상정 가부(可否)에 관한 것이기 때문이다. 특검이란 '특별검사의 임명 등에 관한 법(特檢法)'에 의거해서 특별 검사에게 수사권을 맡기는 제도이다. 통상은 검찰 수사에 영향을 줄 수 있는 고위 공직자나 검찰의 고위 간부가 수사의 대상이 되었을 때 실시하는 경우가 대부분이다.

아무튼 2024년 7월 4일 국회 본회의에서 '채 상병 특별검사법'이 통과되었지만, 윤석열 전 대통령(25. 4. 4. 파면)은 7월 9일 재의요구권(거부권)을 행사했다. 대통령이 거부권을 행사한 법안은 국회 재적의원 과반 출석에 출석의원 3분의 2 이상이 찬성하면 법률로 확정되지만, 부결되면 폐기된다. 그러나 부결 폐기되면 가결이 될 때까지 재상정하는 일까지도 발생한다.

그동안 특검은 10건의 법안이 발의되어 11차례의 특검이 있었으며, 상설 특검법(2016. 11. 22. 제정) 시행 이후 개별 특검법에 의해 2건이 더 있었다. 특검 시행 사례 중에서 절반 이상이 기존의 수사 결과와는 다른 결론이 나왔다는 점에서 의미가 있지만, 반면에 특검이 여야 간의 정쟁 도구로 변질함에 따라 그 비효율성에 대해서도 많은 지적이 있다. 여하튼 특검을 바라보는 시각은 여야가 상반

(相反)되고 있다.

결과적으로 볼 때 본 사건의 경우 군의 조치가 미흡하여 자승자박(自繩自縛)하는 모습이 되었다. 군대는 하기 싫어도 임무를 완수하기 위해 수행해야 할 일들이 많다. 그런데 현장에서 직접적으로 과업을 수행할 구성원의 대부분은 본인의 의사와 무관하게 징집된 젊은 병사들이고, 그들이 전투력의 근간(根幹)을 이루고 있다. 군은 독특한 군대문화와 규율, 위계(位階), 전우애(戰友愛), 부대의 전통과 명예, 사기(士氣)와 군기(軍紀) 등이 역학적으로 얽혀 있다. 아울러 다양한 임무의 정상적인 수행을 방해하는 마찰(摩擦) 요인도 많이 상존한다. 지휘관은 이러한 상황을 통찰(洞察)하고 관리하면서 과업을 완수해야 한다.

그래서 군에서 원로 부사관·장교들은 리더십과 위기관리를 무엇보다 중시한다. 군의 속성을 잘 모르는 기관이 군에서 발생한 사고를 이첩 받아서 수사한다는 것에는 한계가 있기 마련이다. 따라서 군은 자신이 해결할 것과 이관해야 할 것의 선(線)을 잘 정립해야 한다. 그래야만 군의 다각적인 상황을 충분히 이해하지 못하는 기관이라 하더라도 이첩 받은 사건을 해결하는 데 도움이 될 것이다.

누가 뭐라 해도 이번 사건으로 인한 가장 큰 손실은 해병대를 신뢰하며 지켜봤던 국민을 실망에 빠지게 한 것이다. 사령관으로부터 하급 간부들까지의 신뢰도 함께 떨어졌다. 불통을 제공한 대통령실, 국가안보실, 국방부 등 안보 라인에 위치한 고위 관계관들에 대한 불신이 증폭된 것은 말할 나위도 없다. 그래도 결국 그 출발점은 소수 간부들의 과실에서 비롯한 것이다. 그러나 그 파급 효과는 태풍에 버금간다. 사실과 거짓을 구분하기도 힘들 정도로 뉴스가 넘쳤고, 무분별한 일부 매스컴이 이를 부추겼다. 그 바람에 군복과 계급이 풍기는 전통적 명예나 중량감도 많이 사라졌다. 더욱이 상하가 서로 잘잘못에 대해서 진실 공방(攻防)을 하고 있으니 안타깝기 그지없다.

이런 사태까지 온 것에는 오로지 윗사람의 잘못이 크다 할 것이다. 하급 지휘관도 직책에 상응한 권한을 갖고 있지만, 자신의 목을 쥐고 있는 상관이 강요할 경우 바른 말을 할 용기를 기대할 수 없다. "힘이 주인인 곳에서 정의는 하인이 된다"는 말이 생각난다. 윤석열 전 대통령을 포함한 고위 관계관들은 상황을 어렵게 만들었다. 이들의 어설픈 처신과 불신감이 누적된 탓도 있다. 아울러 이들의 측근에 용기 있는 현인(賢人)들이 없다는 것도 통탄스럽다.

주의하고 경계할 것이 더 있다. 사리(私利)를 위해 군의 중립성·사기에 대해서는 관심이 없는 정치권, 사욕(私慾)을 위해 호시탐탐 정치권에 줄을 대고 빌붙는 일부 군 간부, 이것을 묵과하고 편승하려는 측근들이 그것이다. 설령 일부 소수가 그렇다 하더라도 그들이 미치는 악영향은 크고도 위험하기 때문이다. 그러므로 참군인은 군인으로서의 본분에 더욱 충실해야 한다. 그래야만 정치권의 이해(利害)에 휘둘리지 않고 국민으로부터 무한한 신뢰를 받으면서, 국가의 보루(堡壘)인 참군대로 존립하기 때문이다.

2024 국방통계연보에 의하면 국방에 대한 국민적 관심은 여전히 70%를 웃돌고 있다. 신뢰도도 정부 공공기관 등의 주요 사회부문 중에서는 가장 높은 것으로 나타났다. 비록 군인이란 직업으로서의 선호도는 하향하는 추세에 있지만, 대다수의 국민들이 남녀노소를 막론하고 유사시에는 군대에 들어가서 직접 싸우거나 돕겠다는 의지를 갖고 있다. 여전히 국민은 국가와 안보를 중시하고 있으며 군을 신뢰하며 지지하고 있다는 것을 유념해야 한다.

지난 동안 우리나라는 정치적으로 혼란이 극도로 높아졌고, 지금은 그 후유증으로 인해 국가적으로 위험한 시기라 하겠다. 우리의 곁에 붙어 있으면서 잘못되기를 바라는 다양한 세력들이 비집고 들어올 틈새가 없도록 해야 한다. 이 글을 읽는 모든 분들이 함께 군을 격려하고 아껴주시기를 희망한다. 아울러 군이 정쟁의 도구로 쓰이는 일도 없기를 바라며 어두운 정국이 조속히 밝아지길 바란다. 안중근 의사께서 유묵(遺墨)으로 남기신 "견리사의 견위수명(見利思義 見危授命, 이익을 보거든 정의를 생각하고 위태로움을 보거든 목숨을 바치라)", "위국헌신 군인본분(爲國獻身 軍人本分, 나라를 위해 몸 바침이 군인의 본분이다)"을 되새기며, 자랑스럽고 믿음직스러운 해병대의 무궁한 발전을 염원한다.

미래에 투자하라

박정훈(한화갤러리아 전무)

　사람은 태어나 누구에게든 한평생이라는 사이클이 있으며 그 사이클 속에서 굴곡 없는 사람이 어디에 있을 것이며 어느 면이든 울퉁불퉁하지 않은 사람 또한 없을 것이다. 그럼에도 불구하고 "잘 살았노라"라고 감히 얘기할 수 있다면 너무 행복할 것이고 설령 그렇지 않다고 하더라도 맘만은 그런 여유를 가질 수 있다면 그 또한 다행이리라 아직 인생을 다 살아내지 않았고 살아야 할 날들이 많이 남았음에도 불구하고 32년여의 직장생활 1막을 마무리한 시점에서 자신을 되돌아보고 누군가에게 작은 등불이라도 될 수 있다면 하는 맘으로 이 글을 써보기로 했다.

1990년 군 제대 후 첫 직장은 전공과 전혀 무관한 백화점 생활이었다. 당시에는 장교로 제대하면 별도의 전형을 통해 입사할 수 있는 사회적 분위기 덕분에 비교적 쉽게 취업할 수 있었다. 당시의 사회적 분위기에 감사할 따름이다. 이곳저곳 고민하던 차에 유통업이라는 매력이 느껴지는 백화점을 선택하게 되었고 그로부터 약 32년의 세월을 한 업종에서만 근무할 수 있는 행운을 누렸다.

나의 첫 직장은 사람들의 뇌리에도 또렷한 '삼풍백화점'이다. 입사 후 5년여의 세월이 흐른 1995년 6월 29일 17시 50분쯤 '501명'의 사망자를 낸 삼풍백화점 붕괴사고의 피해자이자 가해자였다. 누구나 첫 직장생활에 대한 기억은 오래도록 남아 있으리라 본다. 처음 모셨던 부서장님의 명확한 직장생활 방향성이 그 이후 오랜 세월 직장생활의 토대가 되었음에 감사하며 사고로 돌아가신 후 지금까지 매년 6월이 되면 부서장님이 모셔진 공원묘지를 찾는다. 직장생활의 어려움이 있을 때마다 가끔 생각나는 분이셨다.

사고 후 한화갤러리아 백화점으로의 이직은 삶에서 또 한 번 감사를 느낄 수 있는 계기였다. 사고 당시 천재지변으로 직장을 잃은 많은 직원에게 구제의 손길을 보내준 회사들 중, 삼풍백화점 숙녀의류부 생존자 4명 모두를 한꺼번에 갤러리아 백화점으로 이직할 수 하도록 통 큰 결정을 해준 유일한 회사였다. 이후 명품관 근무 약 15년, 천안 센터시티점 3년, 대전 타임월드점 6년, 본사 생활 2년의 근무 기간 중 다양한 보직을 거치며 느낀 소중한 경험들이 고스란히 남아 있으며 근무 기간 중 겪었던 수많은 에피소드는 별도의 기회에 공유할 수 있기를 바란다. 두 회사에서 약 32년여의 직장생활 1막은 그렇게 서서히 마침표를 찍을 시기를 찾고 있었다. 어느 순간 앞서 있던 선배들이 모두 퇴직한 시점이다 보니 이젠 내 차례인가? 하고 느끼는 순간, 여지없는 퇴직 통보가 나에게 날아들었다. 다행스러운 건 아쉬움 없이 보낸 직장생활이라 홀가분하게 떠날 수 있었고 가족들의 응원 덕분에 퇴직 후의 자리매김 또한 더 쉽게 할 수 있어 감사할 따름이다.

1. 어느덧 퇴직의 시점은 오더라

퇴직한 지금에서 돌아보면 직장생활은 치열했던 전투의 연속이었지만 그래도 대기업의 일원이었다는 점이 얼마나 다행스러운 일인지 모른다. 회사에 다니면서도 퇴직을 한 지금에도 일일이 거론하기 힘들 정도로 많은 혜택과 기회가 주어졌음을 너무도 감사히 생각하며 살아야 할 일이다. 퇴직한 어떤 분들은 후회와 아쉬움으로 괴로워

한다고들 하던데 그럴 필요도, 그럴 이유도 없다. 그냥 '감사와 만족'이라는 두 단어만으로도 충분한데 말이다.

퇴직 후 주어지는 인생 준비의 2년(비상근 자문역)이라는 시간은 그동안의 나를 돌아보며 인생의 여유를 즐길 수 있었고 제2의 인생을 준비하게 해 준 너무나 소중한 시간이었다. 제일 먼저 한 일은 '쉼'이었다. 집사람과 3주간의 우리나라 각 지의 여행 경험은 평생 잊을 수 없는 소중한 시간으로 기억될 것이다. 사전 예약이나 계획도 없이 "그냥 떠나보자, 그냥 즐겨보자"라는 신조는 기가 막히게 잘 적용되어 여행의 참 의미를 깨닫게 해 준 기회였다. 남는 게 시간이니 동해안 1주, 서해안 1주, 남해안 1주 총 3주 동안 우리나라 구석구석을 찬찬히 둘러보되 미리 정하지 말고 하루하루, 순간순간에 충실해 보자는 의도였다. 하지만 이전에 단 한 번도 집사람과 단둘만의 긴 여행을 해본 경험이 없었으니 출발 전에 앞섰던 걱정은 '여행하는 동안 무슨 얘기를 해야 하나? 다투면 어떡하나?' 등등으로 노심초사하였으나 출발하는 순간부터 많은 변화가 일어났다. 평소 하지 못했던 얘기들이 봇물 터지듯 나오며 운전하는 시간 내내 지루함을 느끼지 못할 정도로 많은 얘기를 쏟아내고 있는 것이 아닌가? 전생에 나에게 이런 재주가 있었나? 라는 생각이 들 정도였다. 당일 당일 예약하는 숙소의 재미도 쏠쏠했고 맘에 들면 하루 더 묶기도 하며 쉬엄쉬엄 여러 곳을 돌아볼 수 있었다. 평소 자주 가 보지 못했던 서해안에서 의외로 좋은 곳들을 많이 만났다. 우리나라에 이런 아름다운 곳이 많았나? 싶을 정도로 '양구의 고즈넉함, 담양의 아담한 풍경, 신안 퍼플섬의 경이로움, 함평 어느 바닷가 한옥 펜션에서의 일몰 풍경' 등등 이루 말할 수 없는 감동과 즐거움이 우리를 자연스레 이끌고 있었다. 여행 시점이 한겨울이라 매서운 추위에 고생도 많았고, 여수의 숙소에서는 추운 겨울임에도 난방이 가동되지 않아 테이크아웃해 갔던 회를 먹으며 엄청나게 고생한 에피소드는 애교로 봐 줄 정도로 즐겁고 의미 있는 시간이었다. 긴 여행 후 남겨진 여운으로 집사람과 했던 약속 중 하나가 이후에도 자주 여행 다니자는 다짐을 하였건만 그게 그리 쉬이 되지 않는 것이 또한 인생사인가보다.

퇴직 후 첫해는 이런저런 분들과의 만남이 주를 이루었다. '백수과로사', 옛말은 틀리지 않았다. 너무 많은 약속과 만남을 지속하던 어느 날 문득 '내가 뭘 하고 있는 것인가?'라는 생각이 들며 뭔가를 배워야겠다는 생각이 스멀스멀 뇌리로 올라왔다.

'요양보호사, 에어컨세척 기술, 지게차운전 자격증, 소방안전관리자 자격증' 등 각종 자격증을 취득하였고 심심풀이로 친구들과 함께 6개월 과정의 '귀농귀촌학교'도 수료하였다. 주변 사람들은 "뭘 더 배우냐?, 이제는 비워야 할 시기다."라는 등의 얘기들을 많이 했지만, 아무것도 하지 않는 자신이 불안해 보이고 안쓰러운 생각이 든 건 오랜 기간 직장생활을 해 온 강박의 한 단면일 것이다. 회사를 그만둔 많은 이들이 배우고 적응해야 할 것 중 하나가 그냥 가만히 있는 연습이 필요하다는 걸 차츰차츰 깨달아 가는 중이다.

또 다른 변화 중 하나는 직장생활만 하다 보니 동네 사람들을 알 기회가 없었고 나이 들면 친구나 동료들도 자연스레 멀어질 수밖에 없는지라 동네 분들과의 교류 그리고 동호회 활동도 필요하다는 선배들의 조언으로 동네 주민자치센터에서 진행하는 교양 프로그램 중 '탁구와 기타'를 배우기 시작했다.

나름 가성비 좋은 취미 활동일뿐더러 뭔가 활동이 필요한 분들은 이런 경로를 활용함으로써 취미 생활도 즐기고 동네 이웃들도 알 수 있는 좋은 기회가 될 것 같다는 생각에 강력하게 추천하고 싶다.

단순한 취미활동이라 남에게 선보일 정도의 실력은 아니나 만약 그런 의도를 가진다면 최소 4~5년의 시간을 투자해야만 제대로 된 실력을 검증받을 수 있을 것 같다. 취미활동을 하면서도 느낀 건 무슨 일이든 나름의 '시간과 노력'이 수반되지 않으면 제대로 된 결과를 얻기 어렵다는 사실이다.

2년여 기간 중 가장 잘한 선택은 친구들과 함께 '자전거 라이딩'에 입문한 것이다. 자전거로 출퇴근을 오랫동안 한 친구의 계속된 권유로 함께 라이딩 할 기회를 가질 수 있었다. 이런저런 망설임 끝에 처음 시도해 본 한강 라이딩의 매력에 푹 빠져 급기야 자전거를 구입하고 본격적인 라이더로 입문하게 된 것이다. 거의 매 주말 전국 이곳저곳으로 라이딩을 떠났다. 당일로, 1박 2일로 전국을 다니다 보니 라이딩의 매력은 의외로 아주 다양했다. 유류비도 통행료도 주차비도 없으면서 전국을 헤매고 다닐 수 있으며 어느 곳에서나 정차도 가능하고 속도 또한 자동차나 오토바이에 비할 바가 아니니 주변 경관을 구경하기에는 제격이었다. 자전거에 몸을 실으니, 몸이 불편한 것도 없고 적당한 속도와 바람을 가르며 타는 기분은 나이 들어서도 오래도록 유지하고 싶은 좋은 취미 생활로 자리 잡아가고 있다.

2. 퇴직 후 마인드 변화, 단절

이런 즈음 회사 생활을 하며 받았던 월급도, 활동 영역도, 가정에서의 위상(?)도 줄어들다 보니 여러 가지를 줄여서 생각하는 습관이 들기 시작하였다. 2년이란 시간이 참으로 많은 변화를 가져다주었는데 '시간과 사고'의 여유로움을 가져다준 대신에 '역할과 수입'

의 축소를 함께 가져오기도 하였고 이런 부분을 어떻게 받아들이느냐?에 대한 연습을 할 수 있는 좋은 시간이었다. 그러면서 지출을 줄이는 것 외에도 스스로를 내려놓는 연습 또한 할 수 있었던 시기였다. 이전의 역할, 직급, 대우 등등은 아득한 옛 얘기일 뿐 현실은 전혀 다른 상황이었고 이를 받아들이는 연습도 자연스레 익혀 가야만 했다. 회사와 등지는 순간 누구도 나를 도와주거나 안타까워하지 않는다. 떠난 순간 홀로서기를 해야만 할 뿐이다.

현업과 퇴직 사이를 헷갈리다 보면 이전의 기억에서 벗어나지 못하며 괴로워하고, 남 탓과 원망 그리고 한숨으로 시간을 보내기 마련이다. 미련 없이 과거를 지우는 단절의 결과를 통해 새로운 인생 2막을 준비할 수 있다는 신념이 차곡차곡 쌓여 가고 있었다. 어차피 회사는 그만두었고 다시 돌아갈 수 없는 길이라면 스스로 결단을 내리고 받아들이며 새로운 길을 모색해야 할 필요만 남아 있을 뿐이다. 과거를 붙잡고 아쉬워하기보다는 그나마 누구보다 행복한 직장생활이었고, 충분한 보상을 받았다고 생각하는 순간 나 자신은 행복한 사람이란 생각과 함께 주변인들에게 민폐를 주지 않는 것만이 현명한 방법이라는 사실도 서서히 깨달을 수 있었다. 퇴직 즈음에 가장 많이 들었던 얘기들이 "해외여행 안 가냐?, 아는 사람들도 많은데 얼른 취직해야지?, 어떤 일을 할 거냐?" 등등의 얘기들이었다.

해외여행의 경우 수고한 직장생활을 즐기라는 의도가 있을 것이고, 취직의 경우 미래를 염려한 걱정이나 우려가 있을 수 있으나 진정 걱정의 의미인지, 자신들의 우려에 대한 불안감인지는 모를 일이다. 이런 물음들은 어쩌면 퇴직자들에게 가장 지양해야 할 질문이지 않을까 하는 생각이다. 그래서 더더욱 기존 사회와의 단절이 필요한 것 같다. 세상 정해진 이치는 월급쟁이는 언젠가는 그만둔다는 사실이다. 나를 포함한 대부분의 직장인은 '나는 아니겠지?'라는 쓸데없는 신념에 사로잡혀 꾸역꾸역 살아내고 있을 뿐이다. 회사를 그만두어 보니 제2의 인생을 위한 대안은 무엇일까? 고민이 많은 것이 현실인데 이전과 비슷한 일을 할 수 있지만 후배들에게, 타인에게 줄 부담을 생각하면 전혀 다른 길을 개척하는 것도 나쁘지 않은 선택지라고 생각한다.

　그러려면 필요한 것이 자격증(즉 기술)이 있거나, 아니면 누군가가 모셔가고 싶을 정도의 출중한 실력이 있거나, 좋은 인맥이 있다면 새로운 대안을 마련하기에는 그나마 조금 쉬울 것이다. 그러나 현실적으로 나에게 주어진 기술이나 실력, 인맥은? 그 또한 쉽지 않은 것이 현실이다. 왜냐하면 회사에 다닐 때는 '헌신'이라는 나름의 신조로 다니다 보니 새로운 대안을 준비하기에 벅찬 것이 현실이었으니까. 직장생활에서 모두 다 성공할 수도 없고, 하루에도 몇 번씩 '다녀? 말아?'를 반복하는 생활의 연속이다 보니 제대로 된 준비가 있을 리 만무하다. 지치며 생활하는 직장생활이지만 가장으로서의 책임감, 삶의 밑천이며 미래를 준비하는 돈을 버는 일을 안 할 수는 없는 노릇이지 않은가? 그럼에도 불구하고 나 자신의 미래는 스스로 개척해야만 하고 준비해 두어야만 하는 것이 가장 현실적인 답이다. 이를 깨닫고 실천하는 사람들이 직장인 중 얼마나 되겠는가? 나 역시 전혀 준비되지 않았던 1人에 불과하였으니 말이다. 자 그럼 이제 '어떻게 살아가야 할 것인가?'에 대해 고민하는 시간을 가져 보자.

3. 미래에 투자하라: 제2의 인생 시작

이런저런 자격증이 있다고 하더라도 결국 그 자격증으로 일한 경험이 수반되어야 하고 그런 이후에 제대로 된 제2의 인생을 시작할 수 있다는 것이다. 나이 들고 경험 없는 세상 많은 사람 중의 1人인 우리를 세상 누구도 그다지 반기지 않는다, 어쩌면 퇴물 취급 받기 십상이기도 하고. 그럼에도 불구하고 기술(자격증)은 준비해야만 하는 필수템(must have item)으로 여겨진다. 만약 그렇지 않다면 다른 선택지는 무엇일까?

이를 극복하는 방안으로 생각한 필자의 제1원칙은 '미래에 투자하라'는 것이다. 우리가 성장하던 시기는 고도 성장기였기도 하지만 우리 스스로나, 부모님 세대로부터 '재테크, 미래에 대한 투자'에 대해 들어보거나 가르침을 받아 보지 않았던 것이 일반적인 현상이었다. 이제 나이 들어보니 우리 자식 세대에게 해 주고 싶은 말들이 많지만 가장 중요한 한 가지를 꼽으라면 재테크에 관심을 가지라는 것이다. 왜냐하면 하기 싫은 일이든, 좋아하는 일이든 직장은 우리의 생활을 유지해 가는 하나의 수단일 뿐이다. 그를 통해 나의 삶을 지탱하고 미래를 준비해야만 하니 말이다. 그런데 열심히 살기만 하면 될 줄 알았던 나의 미래는 현재까지도 불투명한 상태가 지속되고 있다. 내가 좀 더 일찍 투자(재테크)에 눈을 떴더라면 하는 아쉬움이 퇴직 전, 후로 제일 많이 들었던 생각이었다.

차곡차곡 미래를 준비한다면 더 당당하게 나의 삶을 지탱할 수 있을 것이고 언제든 미련 없이 사표를 던질 수도 있을뿐더러 내가 좋아하는 일을 즐기며 살기에 너무 좋은 환경을 구축해 놓을 수 있다는 것이다. 그래서 전문가는 아니지만 너무나 절실한 부분이기에 나름 깨달은 재테크와 관련된 작은 지식을 공유해 보고자 한다.

재테크 즉 '주식, 부동산, 채권' 등등은 본업과 무관하지만, 젊은 시절부터 '시간 즉 미래'에 투자해 둔다면 본업과 상관없이 나의 미래를 보장해 줄 수 있는 길이 열릴 수 있다고 생각한다. 직장생활 틈틈이 '주식, 부동산'에 관심을 가지고 직접, 간접 투자를 통해 지식을 쌓고 시간에 투자한다면 노후는 그다지 걱정하지 않아도 되지 않을까?

미국의 경우 직장인 대부분이 우리나라의 퇴직연금 형태인 '401K'에 오랜 시간 투자하고 퇴직 후 백만장자가 되는 사람들의 비율이 엄청나게 늘어나는 추세라고 한다. 직장생활하며 언제 그런 시간이 있느냐? 직장생활 열심히 하지 말라는 얘기냐? 등등의 반문이 있을 수 있으나 전제 조건은 본업에 충실해야 하는 것이 우선이다. 우리의 기초 생활을 유지해 주는 본업에 충실하지 않으면 미래는 절대 열리지 않는다. 이것 또한 확실한 정답이다.

다만 본업 이외의 시간(연차, 주말 등)을 활용하여 미래 투자에 관심을 가지라는 얘기일뿐이다. 쉽게 말해 부동산은 목 좋은 곳을 선정하고 잠깐의 시간을 투자해 매매 계약만 해 두고 오랜 시간 지나면 엄청나게 올라가 있을 것이다. 필자가 근무하던 곳의 주변 아파트가 평당 4천만 원 전, 후일 때 사람들은 머지않은 미래에 평당 1억, 2억 한다고들 하였는데 그 예언이 현실이 되어가고 있지 않은가? 그

때 결단만 내렸어도 나의 노후는 이미 준비 완료되었을 것인데 결정하지 못한 아쉬움만 진하게 남아 있다.

물론 그런 큰돈이 어디 있느냐고 반문하겠지만 그러기에 더더욱 관심을 가지고 초기자금을 만들어 두어야 할 것이다. 초기자금을 만들기 위한 노력으로 첫 번째 할 일은 '저축'이다. 종잣돈을 마련할 때까지는 죽어라 저축해서 일정액의 목돈을 만들어야 한다. 그런 이후 더 큰돈을 불리기 위한 전략은 '주식이나 부동산'이라고 생각한다.

좋은 주식은 사두기만 하면 시간이 흘러 내 재산을 늘려준다. 단지 젊은 시절에 투자만 해 놓으면 말이다. 영원한 것은 세상에 없지만 그래도 미국 주식 시장은 적어도 현재까지는 지속적인 우상향을 이루어 내고 있지 않는가? 더불어 대부분의 사람은 주식 전문가도 아니고 전문가라 하더라도 시장을 이길 수 있는 사람은 극소수에 불과한바 주식 종목 선택은 개별 종목이 아닌 지수를 추종하며 상대적으로 안전한 ETF(상장지수펀드)를 권하고 싶다.

주식에 투자할 때 수익에 대해 나름의 시나리오를 그려보자. 만약 5천만 원을 종잣돈으로 주식을 시작해서 미국 지수 추종 ETF인 'S&P500이나 나스닥100'에 투자해서 연 10%씩 수익이 증가한다면 10년, 20년 후에 얼마 정도의 돈이 될까? 10년 후면 1.3억, 20년 후면 3.3억으로 늘어난다. 1억을 종잣돈으로 시작해서 동일한 조건이라면 10년 후 2.6억, 20년 후면 6.7억, 30년 후면 17.4억으로 늘어난다. 물론 가정이고 추론일뿐이다. 그러나 미래를 보장할 수 있는 건 시간에 투자하는 방법 이외에는 별로 답이 없어 보인다.

대다수 국민에게는 국민연금이 있으나 현재 대부분의 직장인 연금 수령 시기와 퇴직 시기가 달라서 약 5년 정도의 갭이 생긴다. 이를 소득 크레바스라고 부른다. 이를 해결하기 위해 '개인연금과 퇴직연금'을 잘 활용해야만 한다. 퇴직연금도 회사가 알아서 해 주는 DB형이 아닌 내가 선택해서 운영할 수 있는 DC형을 선택하고 좋은 종목(상장지수펀드인 ETF)을 선정해서 지속적으로 투자만 한다면 여러분의 미래는 끝난다고 볼 수 있을 것이다. 주식 전문가는 아니지만 나의 본업에 충실하며 짧은 시간에 나의 미래(좋은 종목 선택 및 투자)를 선택하고 퇴직연금을 열심히 붓기만 하면 되는 일이다, 아주 간단하고 편한 일이다. 금융 전문가도 아닌 필자의 얘기를 귀담아듣지 않을 가능성이 높아 보이나 미래는 결국 여러분의 선택이고 시간에 투자하면 미래가 열릴 수 있다는 사실은 꽤 설득력이 있어 보인다. 돈만이 다는 아니니 새로운 세계에 적응할, 또 다른 필요충분조건 중 하나가 맘 자세일 것이다. 물론 젊은 세대들에게는 조금 이른 감이 없지 않지만, 이 또한 필자의 경험치를 공유하고자 한다.

4. 인생 2막의 정신 자세

오랜 기간 직장생활 후 퇴직은 많은 부분에서 변화가 주어지고 그 변화를 몸소 느끼며 견뎌내야만 한다. '단절, 내려놓기, 변화, 기득권, 도전' 등등의 단어에 익숙해져야만 한다. 사실 직장생활이라는 울타리는 조직에 의해 움직이고 나 개인의 역량보다 조직이라는 든든한 백그라운드가 있기에 자기 능력은 돌아볼 기회를 가지지 못하는 경우가 허다하고 그러다 보니 퇴직에 대한 사전 준비는 비교적 부족한 것이 현실이다.

∴ 먼저 새로운 도전에 부딪혀보자

무엇이든 새로운 일을 시작해 보자. 그것은 꼭 사업(자영업)이 아니어도 좋다. 내가 하는 일과 무관한 새로운 업에 도전하는 자세는 필수이리라. 일을 해야 본인도, 가족도, 주변인들도 함께 활력이 생기게 마련이다. 생계 해결 수단이든, 소일거리든 무엇이든 좋은 일이고 시도 자체가 자랑스러운 일이다. 노는 것에도 한계가 있고 앞으로도 놀 시간은 엄청나게 많이 남아 있으며 더 이상 주연의 시대가 아니기에 얽매임에서 사뭇 벗어나 있을 가능성 또한 높을 것이다.

∵ 철저한 조연 되기

30여년의 시간 동안 인생 1막은 내가 주인공이 되기 위한 치열한 과정이었으리라. 물론 성공이라는 잣대가 모호하지만 스스로 성취했다고도 혹은 이루지 못했다고 생각할 수 있을 것이다. 이제 내려놓은 제2의 인생은 우리가 주연일 리 만무하다. 철저히 '조연이 되리라' 다짐해야 한다. 그래도 새로운 세상에 적응할지 미지수다. 이전의 내 주 무대가 아니고 남들의 주 무대에 들어가는 일이니 말이다. 주변인들을 돋보이게 하고 보이지 않는 곳에서 묵묵히 역할을 다하겠다는 생각이 필요한 시점이다. 그런 가운데 나의 경험이 어찌어찌해서 다른 이들에게 선한 영향력을 끼칠 수 있다면 금상첨화일 것이다.

∵ 집안일은 시키는 것만 하자

시간이 남아 집에 있다 보면 그동안 보지 않았던 여러 가지의 집안일들이 눈에 들어온다. 회사에서처럼 집사람에게 잔소리하면 바로 싸움이 시작될 것이다. 회사가 내 울타리였다면 집은 집사람 고유의 울타리인 셈이다. 그런 남의 울타리를 넘본다는 것은 집사람에게 전쟁을 선포하는 것이며 이는 즉시 가정불화로 이어질 것이다.

역할 축소로 인해 안 그래도 의기소침한 상황에서 아내의 잔소리는 완전 카운터 펀치인 셈이다. 선배들 왈 "삼식이가 되지 말자. 요리도 배우자. 안 하던 집안일도 도와주자." 고들 한다. 과연 그럴까? 어쩌면 주부들은 남편들은 오히려 가만히만 있길 바랄지 모를 일이다. 왜냐하면 자신의 영역에 침범한 볼품 없는 약자가 이제는 우스워 보일 수 있기 때문이다.

경험상 보면 더도 말고 덜도 말고 시키는 일만 잘 수행하면 될 것이다, 평소 하지 않았던, 세상 귀찮은 집안일이지만 시키기만 하면 기다렸다는 듯이 잘 처리해 주면 최소한 버림 받지 않을 것 같다는 것이 필자의 경험치라고 할까? 세상 귀찮은 집안일들이 꽤 많음을 안타깝게도 퇴직 후에야 깨달을 수 있었다. 음식물쓰레기 버리기, 분리수거는 기본이거니와 식탁 등 닦기, 화장실 청소하기, 베란다 창틀 닦기 등등 이루 헤아릴 수 없는 일들이 많지만 그냥 즐겁게 하면 되는 일이기도 하다.

∴ 현명한 생각하기

퇴직 후 일상이 되어버린 대중교통 이용하기에 익숙한 지금 가끔 카카오 택시를 이용할 기회가 있다. 그런 와중에 들은 택시 기사님의 소중한 삶의 지혜는 오랜 경험을 통한 인생 교훈이라 공유하고자 한다. 택시 이용 시 승객과 기사와의 가장 큰 시빗거리는 '요금 문제'라고 한다. 조금 돌아가는 것 같으면 요금이 더 나올 것 같아 기사님들에게 불만을 제기하는데 문제를 일으키지 않고 해결하는 가장 좋은 방법은 미터기 요금보다 조금 덜 받자는 생각이란다. 평소 다닐 때 요금을 물어보고 그 정도로만 받으면 문제없이 해결된다는 것이다. 그래 봐야 천 원 이하의 차이란다. 또 하나는 밤늦은 시간 취객 응대 요령인데 일단 문제 발생 시 파출소로 가자고 하면 거의 90% 이상은 자연스럽게 해결된다는 것이다. 어쩌면 아주 간단한 일을 어렵게 풀어가기도 하는데 생각의 전환을 통한 단순한 사고로 생활하는 지혜가 필요해지는 시점이다.

∴ 가까운 사람에게 잘하기

사람들은 흔히들 봉사활동에 진심이다. 그러나 최근 나의 봉사에 대한 개념은 조금씩 바뀌어 간다. 물론 봉사활동이 사회적으로 아주 필요한 일이고 나 또한 긍정적인 생각을 하고 있기는 하다. 그러나 어쩌면 전혀 모르는 사람에 대한 봉사도 중요하지만 내 주변인들에게 잘하는 것이 우선적인 봉사라는 생각이 점점 더 강해진다. 먼저 내 가족들에게 잘해야 할 것이고 나아가 내가 알고 있는 지인들에게 커피 한 잔, 밥 한 끼 살 수 있다면 그것 또한 의미 있는 봉사가 아닐까 하는 생각이다. 퇴직하면 누구든 지갑을 닫으려 한다.

그게 인지상정이며 현실이기 때문인데, 사람들을 만나면 누가 먼저 계산할지 셈을 해야 하는 만남이 지속될 수 있을까? 그냥 편하게 얼굴 보고 웃고 떠들고 즐긴 후에 맘 편히 계산할 수 있는 자세야말로 어쩌면 진정한 봉사라고 생각해 보기로 했다.

나 역시 언제나 매번 할 수 있을지 자신은 없지만 그래도 맘 편히 해보려 노력한다. 그리고 지난 세월 동안 나에게 도움을 주신 분들에게도 마찬가지다. 이제는 남는 것이 시간이니 이제껏 바쁘다는 핑계로 잊고 살았던 이전에 고마운 분들에게 연락드려 커피 한 잔, 밥 한 끼 사 드릴 수 있다면 그 또한 진정한 봉사이며 행복이리라. 왜 이런 생각을 하게 되었냐고? 모든 것이 '감사'로부터 출발하니 사람도 변화되어 간다는 것을 절감한다. "나이가 들었는지? 철이 들었는지?" 서서히 글을 정리할 시간이 다가오니 참으로 고마운 가족에 관한 얘기를 뺀다면 두고두고 원망을 받을 것이다.

5. 가족에 대한 감사

회사에 다니는 동안 자녀들이, 형제들이, 처가 식구들이 어떻게 살아가는지 그다지 관심을 두지 못하고 살았던 시절이었고 그 시절 나를 대신해 누군가 묵묵히 수행해 준 덕분에 비교적 무사히 인생 1막을 마무리할 수 있었다. 그 주인공은 바로 나와 함께 어언 30년 가까이 살고 있는 집사람의 내조 덕분이리라. 퇴직을 앞둔 상황에서도 나를 가장 따뜻하게 보듬어 준 사람 역시 집사람이었다. 그동안의 집안 살림에 대한 내 잘못은 덮어둔 채로 이제는 편하게 좀 쉬라고 다독여 주고, 밥 챙겨주고, 가능하면 집안일시키려 하지 않는 집사람에게 너무나 감사한 맘을 새삼 느낀다. 더불어 장성한 자녀들 또한 인생 1막 동안 수고한 가장에게 수고와 격려를 아끼지 않았다. 다들 개인적인 일상으로 바쁘고 지치지만 그래도 가족이라는, 가정이라는 울타리는 나에게 진정으로 소중하고 든든한 버팀목이었다. 너무나 감사했던 직장생활, 함께 했던 동료들 그리고 가족들에게 감사한 맘을 글로 다 표현하기 어려울 지경이지만 그래도 "고맙다"라는 말로 대신할 수 있다면 참 좋겠다. 필자의 잡설이 다음 세대에 어떤 도움이나 영향을 줄지 모르겠으나 한 인간의 살아온 삶이 나와 비슷하다면 그래도 좀 더 나은 방향을 조금 일찍 깨닫기를 바라는 맘 간절하다. 깨닫지 못하더라도 큰 문제는 없을 것이다. 넘어지고 실수하면서 사는 것이 인생이고 그래야 다시 일어나는 법을 배울 수 있으니 그 또한 의미 있는 삶이다. 짧지 않은 인생과 직장생활을 통해 느낀 점을 정리하자면 '감사와 행복' 그리고 '기다림(시간에 투자)'이라는 낱말들이다.

개개인별로 다른 정의의 감사와 행복을 가지고 있으리라. 나름의 정의를 찾아가길 바란다. 인생은 참으로 살아낼 만한 가치가 있는 게임이니 멋지게 살아내기를 희망하며 인생은 또한 철저한 '기다림과 노력'이 없다면 절대로 이루어지지 않는다는 사실을 강조하며 이 글을 마치려 한다.

아버지의 가르침

손영종(성림건설 대표이사)

나는 어릴 때부터 아버지에게 세상을 살아가면서 제일 소중한 것은 '禮'라고 엄격하게 교육을 받았다. 예(禮)는 단순히 겉으로 드러나는 인사를 잘하거나 공손한 외형의 모습이 아니라 그 사람이 지닌 정신을 의미한다고 항상 말씀하셨다.

사람을 상대할 때 자기를 낮추고 상대방을 존중하고 배려하는 것은 세상을 살아가는 데 있어 갖추어야 할 매우 중요한 덕목 중의 하나라고 하셨다. 예를 들어 "저 사람은 참 좋은 사람인데 술을 너무 많이 마셔."라는 말보다는 "저 사람은 술을 좀 많이 마시지만 참 좋은 사람이야."라고 하면 상대의 장점을 드러나게 한다. 이처럼 상대를 존중하고 배려하면 언젠가는 상대도 나를 존중하게 된다.

비단 대인 관계뿐만 아니라 하찮은 물건을 다루는 데 있어서도 그것을 만든 사람의 정성을 생각하며 소중히 다루고 아낄 줄 알아야 한다고 입버릇처럼 말씀하셨다.

아버지는 6·25전쟁 참전용사로 무공훈장을 받으셨고 이를 항상 자랑스럽게 생각하셨다. 그러기에 본인과 자식들에게는 매우 엄격하면서 남들에게는 한없이 너그러운 분이셨다. 주변의 어려운 일을 도우시는 데 적극적이었는데 그것은 우리집이 풍족해서가 아니라 그분의 생활 태도가 자기 것을 아끼고 절약해서라도 남에게 베푸는 데 습관화되어 있었기 때문이다. 그런 영향으로 나 역시 어릴 때부터 물건을 아끼고 소중히 다루는 행동이 습관화되었다. 심지어 빈 상자나 부러진 농기구 하나라도 그냥 버리지 않았다. 그래서 아내와 아이들은 나를 놀리기도 하지만 가끔은 내가 모은 물건들은 꼭 필요한 곳에 쓰일 때 나는 행복감을 느낀다.

가끔 분리수거장에 가보면 멀쩡한 물건들이 많다. 고장이 나서 버렸다기보다는 유행을 따라 새로 구입하다 보니 충분히 사용할 수 있는 가전제품이나 가구들이 버려지는 현상이 나타나는 것이다.

요즘 세태는 물건뿐만이 아니라 사람들과의 관계마저도 일회용인

듯하여 더욱 씁쓸하다. 자신에게 이득이 되거나 도움이 될 만한 사람에게는 한없는 친절과 밝은 얼굴로 대하다가, 그렇지 못할 때는 냉정하게 외면하는 사람들도 많이 보아왔다. 이러한 부류의 사람들은 시간이 지나면서 여러 사람들로부터 좋지 못한 평가를 받게 되며 하는 일도 잘 될 리가 없다.

 이러한 경우를 접할 때마다 어릴 적 아버지의 가르침인 작은 물건 하나라도 아껴 사용하고 사람과의 인연을 소중하게 여겨야 한다는 지극히 평범한 말씀이 떠오른다. 이러한 아버님의 가르침은 내 인생의 귀중한 교훈이 되었다.
 항상 남들에게 너그러우셨던 분이셨지만 자녀들의 교육에는 엄격하셨던 아버지를 통해 진정한 '禮'의 정신을 되새기고 있다.

이걸요? 제가요? 왜요?

-

이승필(육군본부 BCTP 전문교관)

　MZ세대 인원들에게 업무지시를 내렸을 때, 오히려 업무를 지시한 사람이 당황스러운 답변을 접한 리더나 책임자들의 경험담이 인터넷에서 화제다. 당장 필자의 경우 가정 내에서 자녀들과의 관계에서도 마찬가지다. 과거 같으면 어른이 시키면 시키는 대로 척척 알아서 해 왔지만, 요즘 세대는 다르다. 리더나 책임자는 해당 업무가 어떤 고민의 과정을 거쳐 시작됐는지, 조직에서 기대하는 결과가 어느 정도인지 등은 사전 토의와 정보 공유를 통해 대부분 알고 있다. 그러나 초임직원이나 일반직원인 경우에는 이와 관련된 아무런 정보가 없거나 배경을 알지 못하는 경우가 있다. 그래서 예상치 못한 업무를 갑자기 받았을 때 자신들의 감정을 그대로 표출하기도 한다.

그러다 보니 술자리에서 사무실에서 있었던 사례들을 도마 위에 올려놓고 서로를 위로하면서 시간의 흐름을 핑계 삼기도 한다.

필자가 중대장으로 근무할 당시의 일이다. 부대원들과 주둔지 일대 진지 보수 공사를 하고 있는데 중대 본부로부터 연락이 왔다. 상급 부대에서 교육훈련현장 불시검열팀이 왔다는 것이다. 공사 현장을 소대장에게 인계하고 중대 행정반으로 복귀하여 부대의 훈련계획과 실습계획표, 부대일지 등 행정 전 분야를 보고하고 계획과 달리 일부 시행한 업무는 부대의 당시 상황과 이유를 추가 설명했다. 필자의 보고를 받은 검열 단장은 칭찬과 함께 우리 중대에 표창을 조치해 주셨다. 상급 부대의 불시 검열 이후에는 후속 조치로 관련자가 처벌을 받는 경우가 허다한데, 우리 중대는 표창을 받았으니 대만족이었고 부대원들의 사기는 하늘을 찌를 정도였다.

이런 이면에는 적지 않은 고통이 있었다. 당시 교육훈련 관련 모든 행정 계획과 결과들은 부대일지에 함축하여 기록하였는데, 통상적으로 중대 행정병들이 일지를 작성하고 행정보급관(중대에서 최고 선임 부사관)이 중간 검토 후 중대장이 최종 결재하는 시스템이었다. 그러나 필자가 중대장으로 보직한 이후에는 행정병들이 작성하던 부대일지 등 모든 행정 서류들을 행정보급관이 직접 작성하도록 지시하였다. 이로 인해 매일 아침 부대일지를 결재할 때마다 행정보급관과 마찰이 생기기도 했다. 다름 아닌, "이걸요? 제가요? 왜요?"였다.

그러나, 상급부대 불시검열 이후 모든 상황이 달라졌다. 우리 중대의 부대일지를 비롯한 행정 서류가 군단의 모든 중대에 표준이 되었기 때문이다. 인접 부대에서 관계자들이 벤치마킹을 위해 우리 중대를 찾아왔다. 평상시 보잘것없이 느꼈던 기본적인 업무가 상급 부대에서 볼 때는 전투력 발휘의 핵심 요소였던 것이다. 이후 중대의 모든 구성원은 불평불만 없이 중대장을 중심으로 하나가 되어 임무를 수행하였다.

요즘 MZ세대에서 이른바 '3요'로 되묻는 이유를 '버릇 없는 X'으로 치부하지 말고 그들이 무엇을 원하고 있는지를 상급자가 알아야 한다.

첫째, "이걸요?"는 역할 분담에서 불합리성은 없는지와 임무에 가장 적합한 사람이 누구인지를 먼저 고민해야 한다.

둘째, "제가요?"는 합리적이고 공정한 업무분배, 업무와 책임의 한계가 명확한지를 따져봐야 한다.

셋째, "왜요?"는 비효율적 업무 관행과 과거 업무수행 방식의 무조건적 답습이 없는지를 확인해야 한다.

그들은 단순한 지시에 순종하기보다는 더 나은 방법이 있는지 질문하고 개선하려고 하기 때문이다. 그래서 어떤 조직의 책임자나 소규모 조직의 리더는 어떤 일을 지시 또는 통보하기 전에는 현장 상황의 입장을 고려하고, 어떤 애로사항이 있는지 먼저 확인하는 절차가 필요하다.

아버지의 당부

-

이준환(한국교통안전공단 드론 실기평가관)

예쁘게 살아가는 나의 자랑스러운 자식들 덕분에 아빠의 노년이 행복하고 고맙다. 아들, 딸 그리고 새롭게 나의 자식이 되어준 사랑스러운 며느리, 사위에게 62년 삶의 지혜를 전하고 싶다.

유명 저자가 쓴 책이나 SNS상의 좋은 글귀와 비교하면 많이 부족 하다는 것은 알지만, 용기를 내어 나의 분신 같은 자식들에게 아빠의 경험 발자취를 들려주고 싶다. 재미 없더라도 끝까지 읽고 너희 인생에 조금이라도 도움이 되길 바라는 마음이다. 아빠는 지금까지 인생의 반 이상을 군인으로 살아왔고, 군인의 삶을 통해 형성된 가치관이기에 너희들이 살아갈 삶과 조금은 다를 수 있으니 너희들 관점에서 잘 해석해서 인생의 밑거름이 됐으면 한다.

∴ '모든 상급자에게 비서처럼 행동해라'

누군가가 나에게 어떤 부서에서 어떤 일을 하냐고 질문을 한다면 선뜻 '비서'라고 이야기하기 싫다. 왜냐하면 내가 하는 일이 보잘것없는 누군가의 하수인 같은 느낌이 들기 때문이다. 그런데 이 직책을 아빠가 가장 사랑하는 자식들에게 추천할 때는 이유가 있지 않을까? 모 그룹의 이사급 이상의 경력을 분석해 보면 다수가 비서 출신이다. 군에서도 장군들의 위관장교 시절 경력이 장군 전속부관 출신이 다수이다.

회사의 CEO(상급책임자)는 누구에게 중요한 일을 맡길까 생각해 보아라. 비서만큼 신뢰 가는 사람이 없을 것이다. CEO의 마음을 가장 잘 알고 있는 비서 업무 경험자를 선택할 것이다. 그 이유는 모든 업무 처리를 CEO 관점에서 업무를 처리할 것으로 믿기 때문이다. 아빠가 비서 같은 삶을 추천하는 이유는 CEO로서 할 수 있는 일을 차근차근 배워 언젠가는 아빠의 자식들이 관리자(CEO)로 성장하기를 기대하기 때문이다.

∵ '미리 준비하는 삶을 살아가자'

삶을 살아가는데 내일을 예측하고 미리 준비하는 것은 대단히 중요하다. 뭔가를 미리 준비한다는 것은 학창 시절에 선행학습과 같은 효과로 언제나 다른 동급생보다 앞설 수 있다. 사회생활도 마찬가지다. 내일을 미리 준비하면 경쟁자들보다 늘 앞에 있을 것이고 삶이 여유로울 것이다. 예를 들어 정년퇴직은 먼 미래가 아니고 곧 닥치는 내일이다. 정년퇴직 후 무엇을 할 것인가도 미리 준비하고 대비하면 정년 후가 불안하지 않고 즐겁고 행복하게 보낼 수 있다. 모든 일상을 예측하고 내일을 준비하는 삶을 살아간다면 편안한 내일을 맞이할 수 있을 것이다.

∵ '목표를 글로 써놓고 구체적으로 실천해라'

내가 원하는 목표를 글로 써놓고 실천하면 이를 성취하는데 무엇이 필요한지 단계별로 해야 하는 중간목표가 구체화 될 것이다. 중간목표를 하나하나 완성하다 보면 소망하던 목표는 자연히 이뤄져 있을 것이다. 막연한 기대는 세월만 흘러가고 어느 누구도 그 목표를 대신 달성해 주지 못한다. 목표를 가시화되게 글로 쓰고 계획하고 실천하면 어느새 너희가 원하는 삶이 완성될 것이다.

∵ '먼저 인사하고 먼저 청소하는 삶을 실천해라'

첫째, 요즘은 개인주의가 팽배해서인지 인사들을 잘하지 않는다. 이럴 때일수록 인사 잘하는 사람은 친근감, 밀착감, 호감이 가는 사람으로 분류되어 좋은 평을 받는다. 승진을 꿈꾸고 있다면 사람 관계는 무엇보다 중요하다. 아빠가 강조하는 인사는 광의적으로 해석해서 단순한 '인사말'이 아니라 주위 사람들의 희로애락에 함께하라는 것이다. 나를 평가하는 상대와 친밀감이 형성되면 모든 면에서 긍정적으로 평가된다는 단순한 진리를 이해하고 실천해라. 둘째, 청소는 누구나 하기 싫어한다. 사회생활은 구성원들과의 조화가 매우 중요하다. 상대가 하기 싫어하는 일을 내가 먼저 솔선수범하는 것이야말로 최고의 무기가 될 수 있다. 내가 어렵고 힘든 일을 먼저 찾아 함으로써 주위 구성원에게 호감을 받으면 상급자 및 동료들이 모두 나와 함께 근무하기를 희망하게 될 것이다. 그렇게 되면 승진과 보직은 자연스럽게 따라오게 된다.

∵ '메모하는 습관을 유지하라'

나는 메모지와 펜을 항상 휴대하고 번뜩이는 아이디어가 생각나면 그때마다 메모하는 습관이 있다. 그 메모가 유용한 아이디어가 되어 최고의 업무 성과를 받을 때 메모의 가치를 느낀다. 아빠는 지금도 스마트폰의 메모 기능을 활용하여 건망증을 보완하고 있다.

좋은 생각은 누구에게나 순간순간 지나가는데, 이를 메모해 두면 아이디어가 되고 그냥 지나치면 아무런 가치가 없다는 것을 명심해라. 메모하는 습관을 통해 더 좋은 삶을 개척해 나가길 바란다.

20년 전의 만남!

-

최점현(태권도인, 9단)

    2003년 어느 날 설악산에서 만난 어느 노부부와의 인연을 소개한다. 필자가 강원도 양양 지역에서 근무할 때다. 설악산 산행을 위해 아내와 두 딸 등 온 가족이 집을 나섰다. 울산바위 정상 부근에 다다랐을 즈음 등산객들과 함께 우리 가족도 그곳에서 잠시 쉬기로 하였다. 땀을 닦으며 자리에 앉았는데, 맞은 편에서 푸근한 느낌의 노부부가 눈에 띄었다. 간단한 인사와 함께 아내가 준비해 온 오이와 음료수를 노부부께 드렸다. 비교적 짧은 등산 거리에 비해 준비한 음식의 양이 충분하고 배낭의 무게가 부담스럽기도 했다. 노부부는 연신 감사하다는 말로 인사를 건넸으며, 우리 가족도 조심히 등산하시라는 말을 전하고 헤어졌다.

한참의 시간이 흘렀다. 신흥사 부근의 하산 길에서 아까 뵀던 그 노부부를 또 만났다. 황톳길을 걸으며 서로가 반갑게 이런저런 이야기를 나누었는데, 역시나 남자들은 군대 이야기와 군대에서 축구한 이야기를 빼면 이야기 소재가 없다는 말을 증명이라도 하듯 노신사 할아버지께서는 군대 이야기를 꺼내셨다. 자연스럽게 오래전 육군 항공부대의 항공기 정비사로 일했었다는 말을 해주었고, 필자 또한 현재 육군 항공병과의 현역 신분임을 말해 주었다.

참 세상이 참 좁다는 생각이 들었다. 노부부께서는 사모님의 생일을 맞아 서울에서 버스를 이용하여 설악산까지 왔고, 하산 후 귀가를 서둘러야 한다는 말도 해주었다. 나는 양양 일대에 가볼 만한 관광지 몇 군데를 추천하면서 나의 승용차로 안내해 드리겠다고 제의했다. 어차피 우리 가족들도 나들이 나온 터라 노부부도 함께하면 좋겠다는 생각으로 말씀드렸다. 노부부께서는 감사하게 생각하며 필자의 호의를 받아주었다.

나는 아내에게 가끔 핀잔을 듣기도 하는데, 여러 이유 중 하나가 이날처럼 나 혼자서 어떤 결정을 먼저 해 놓고, 그다음 일 처리는 아내가 감당하든가 아니면 아내와 함께 해결해 나가는 식의 일 처리 방식 때문이다. 이날도 아내는 내심 못마땅해하는 눈치였으나, 어쩔 수 없는 상황이 됐음을 알고는 웃음으로 받아주었다. 오늘 저

녁에는 아내의 잔소리를 좀 들을 수 있겠다는 걸 직감하면서 너스레를 떨기도 했다. 우리는 노부부와 함께 점심을 먹고, 주문진, 낙산, 하조대 일대를 둘러보았다. 저녁 무렵 서울행 버스표를 예매하고 몇 시간의 여유가 있어 우리 가족이 살고 있는 관사로 모셔 차를 대접해 드렸다. 며칠 뒤 노부부의 아드님으로부터 전화가 왔다. 편의를 베풀어 준 것에 대한 감사의 말과 함께 별도의 인사를 드리고 싶다고 하셨다. 이를 계기로 우리는 노부부의 댁도 방문하였고 지금까지도 서로 왕래하며 오가는 사이가 되었다.

20년의 세월이 지났다.

대학에서 태권도를 전공한 필자는 태권도에 대한 애착이 많았다. 2019년 당시 세계태권도본부의 수장인 국기원장선거를 중앙선거관리위원회에 위탁 시행한 바 있었다. 이때 행정 관계자들의 '반수'와 '과반수'의 해석 오류로 국기원장에 당선 뒤 임무를 수행하던 중, 뒤늦게 법원으로부터 국기원장 직무 정지 판결이 나는 등 태권도계의 내홍이 있었다. 이는 당시 국기원의 교육 분과위원으로 임무를 수행하던 필자가 '헷갈리기 쉬운 생활 속 우리말'이라는 전공과는 다소 거리가 먼 책을 출간하게 된 직접적인 동기가 되었다. 집필하던 책의 내용은 국어학계에서도 민감하게 다루는 부분도 있어, 출판 전 권위 있는 기관에서 검증을 받았으면 하는 생각을 하고 있던 차, 지인의 소개로 국어원장을 소개받았다. 국어원장의 배려로 집필 중이던 책의 내용에 대해 전문 기관의 감수와 조언을 받게 되었고, 마침내 책을 출간하였다. 물론 국어원장의 추천사도 책의 머리글로 실었다.

시간이 흐른 뒤 출간된 책을 설악산에서 만났던 노부부께 보내드렸는데, 책머리의 추천사를 읽고 필자에게 전화를 주셨다. 추천사를 작성한 국어원장이 본인의 조카인데 어떻게 알게 되었는지 궁금해하셨다. 필자는 그간에 있었던 과정을 말씀드렸다. 며칠 후 국어원장으로부터 연락이 왔다. 삼촌께서 "고마운 분이고 좋은 분"이라고 말씀하셨다면서 필자를 꼭 만나보고 싶다고 하셨다. 그 후 우리는 또 다른 인연이 맺어졌다.

20년 전 우연한 만남이 또 다른 만남과 인연으로 연결됨에 놀랐다. 하루의 여행에서도 이처럼 소중한 인연이 생겼는데, 30여 년의 군 생활에서는 아름다운 인연이 없었을까? 누구든지 자기 삶에 힘이 되고 도움을 준 사람은 많을 것이다. 지나고 보면 모든 분이 멘토이고 스승이다. 어렵고 힘든 환경과 시간은 오히려 자신을 보다 성숙하게 만든 자양분이 되었다.

내가 만나는 사람이 어떤 사람인지는 나 자신에게 달렸다. 만약 누군가가 나를 미워한다면 나의 사랑이 부족하지는 않았는지 살펴봐야 한다. 훗날 알게 된 사실이지만, 설악산에서 만났던 그 노부부께서는 필자의 가정을 위해, 또 필자가 근무하는 부대의 안전을 위해 하루도 빠짐없이 기도를 해주신다고 한다. 그분들께 감사한 마음을 전한다.

당신은 로완인가?, 아이히만인가?

-

최점현(태권도인, 9단)

　리더십 못지않게 팔로우십도 중요하다. 팔로우로서 성공적으로 임무를 완수한 로완 중위의 일화를 소개한다. 1896년 쿠바를 둘러싸고 미국과 스페인이 전쟁을 벌이고 있을 때, 쿠바의 밀림 깊은 곳 어딘가에 은신해 있는 반스페인 지도자 가르시아 장군에게 미국 대통령의 밀서를 전달할 일이 생겼다. 많은 사람이 로완을 적임자로 추천했다. 그 임무를 받은 로완은 각고의 노력 끝에 밀서 전달에 성공한다. 훗날 많은 사람은 로완이 밀서 전달에 성공했다는 사실보다 왜 그가 적임자로 추천됐는지에 관심을 둔다. 로완은 자신에게 그 임무가 부여됐을 때 가르시아 장군이 어디에 있는지, 어떻게 찾아야 하는지, 왜 자기가 가야 하는지를 묻지 않았기 때문이다. 위

이야기는 출판사를 경영하던 엘버터 허버트가 쓴 「가르시아에게 보내는 밀서」라는 제목의 짧은 수필로 소개되었는데 전 세계적인 관심을 모았다. 러일전쟁 중 전선으로 향하는 러시아 병사까지도 한 부씩 휴대하고 있을 정도였고, 일본군도 러시아로부터 노획한 이 책을 번역하여 관료들에게 배포할 정도였다.

또 다른 사례의 팔로우로서 임무를 수행한 독일의 아돌프 아이히만은 로완과 전혀 다른 평가를 받고 있다. 아이히만은 제2차 세계대전 당시 6백만 명에 달하는 유대인 학살의 실무 총책임자 위치에 있었던 인물이다. 물론 최고 책임자는 아돌프 히틀러였지만, 그 실무를 책임지고 집행한 사람은 아이히만이었다. 1945년, 나치 독일이 항복하자 아르헨티나로 도주하였고, 그를 끝까지 추적하던 이스라엘 정보요원들에게 체포된다. 훗날 재판 과정에서 확인된 그는 반유대주의 이데올로기에 충실한 사람도 아니었고, 나치즘의 사상을 신념화한 나치도 아니었다. 또 냉철하고 건장한 게르만 전사의 모습으로 뚜렷한 자기 소신으로 엄청난 일을 자행했을 것으로 예상했지만, 실제로는 정반대였다고 한다.

훗날 재판을 참관한 철학자 한나 아렌트는 그의 이러한 모습을 보고 『예루살렘의 아이히만』이라는 책을 집필하게 되는데, 그 내용의 핵심이 '악의 평범성'이다. 아이히만은 유대민족에 대한 증오나

유럽대륙에 대한 공격심이 아니라. 단순히 자기의 출세를 위해 상급자가 부여한 임무에 그저 충실했을 뿐이었다는 것을 알게 된다. 한나 아렌트는 다음과 같은 말을 남겼다. "악이란 시스템을 비판 없이 받아들이는 것이다. 우리는 누구라도 시스템을 비판 없이 받아들이는 악을 저지를 수 있다. 악의가 없어도 사유하고 질문이 없을 때 우리는 누구나 아이히만과 같은 악인이 될 수 있다. 이것이 악의 평범성이다." 또 "대답하는 곳에는 자기가 존재하지 않는다. 질문할 때 자기가 존재한다."라고 강조했다.

요즘 일부 MZ세대 직장인들에게 파이어족, 무관심, 적당주의의 풍토가 생기고 '월급만큼 일하기', '칼퇴근하기' 등의 분위기가 팽배해 지고 있다고 한다. 그만큼 사회적 환경이 각박하고 어려워졌다는 것을 방증한다. 사회 각층에서 활동하고 있는 이들은 조직 내에서 핵심적 임무를 수행하며 그 역할은 매우 중요하다. 어느 조직이든지 리더 못지않게 팔로우의 능동적 자세와 창의적 사고가 조직의 성공에 영향을 미치기 때문이다. 최근 뉴스를 보면 학교에서 스승과 제자와의 관계가 무너지고, 심지어는 군에서도 부하가 상급자를 고발하는 등 과거에는 보기 드문 일들이 종종 일어난다. 어느 조직에서나 조직을 책임지고 있는 리더는 구성원−팔로우들에게 비전과 방향성을 제시하고, 자발적인 협력을 끌어내 조직의 목표를 달성해야 한다. 마찬가지로 구성원들은 조직의 목표를 이해하고 리더를 지원하고 협력하는 것이 건강한 조직 문화이다.

언제나 조직사회는 로완 중위 같은 사람을 좋아한다. 어렵고 힘든 일을 스스로 찾아서 적극성과 유연성을 발휘하는 사람을 필요로 한다. 파이어족, 무관심, 적당주의의 풍토가 만연하다지만, MZ세대들은 얼마든지 로완 중위와 같은 잠재력을 가지고 있다. 다만 리더들이 그들의 마음을 움직이게 할 수 있어야 한다. MZ세대로서 이 시대를 살아가는 당신도 로완처럼 당신을 필요로 할 때가 있음을 기억하고 미리 준비하길 바란다.

인정(認定)하고 칭찬하라!

-

최점현(태권도인, 9단)

 필자가 항공대대장으로 근무할 때다. 야전군 사령관기 태권도대회를 3개월 앞두고 상급 부대로부터 임무가 하달되었다. 항공부대를 대표하는 선수단을 구성하여 대회에 출전하는 것이었다. 주어진 임무에 따른 예상 과업으로는 대회에 출전할 대표선수 선발, 선수단 숙식, 훈련지도, 경기 출전, 목표 달성 등 대회 전반을 준비하고 관리하는 것이었다. 이에 따른 경기 결과에 대한 부담감도 있었다. 항공부대는 매일 수십여 대의 항공작전 임무와 그에 따른 항공기 정비, 승무원 훈련, 경계 작전 등 기본업무수행으로 밤낮을 가리지 않는다. 따라서 이처럼 작전 임무와는 별개로 부여되는 행정적 과업들은 꺼리거나 임무 수행에 수동적인 경향도 있다.

태권도 고단자인 필자가 지휘하는 부대로 임무가 하달된 것은 어느 정도 예상했었다. 대대장 보직 후 첫 번째 임무이자 나의 태도와 능력에 대한 테스트의 성격도 있다고 판단했다. 시간도 부족했고 배정된 예산도 없었다. 항공부대는 특성상 공중근무를 주 임무로 하는 조종사, 정비사, 승무원 등 주로 간부들로 구성되어 있고 병사들은 이공계 출신들이 많아 태권도 선수 출신은 아예 생각도 못 하거니와 그나마 일부는 어렸을 적에 동네 도장을 다닌 병사들 정도였다. 반면 우리가 상대해야 할 사단급 부대에는 보병, 포병, 기갑 등 모든 병과를 망라하여 만 명에 육박하는 병력을 확보하고 있어 각종 경기에서 우수한 성적으로 입상한 엘리트 선수 등 인적자원이 풍부했다. 우여곡절 끝에 20명의 선수를 선발하여 항공부대 선수단을 구성했다.

항공부대 선수단 20명은 사단급 부대에서 선발된 선수들을 상대해야만 하고, 이러한 사단급 부대가 한 개 부대만 있는 것도 아니었다. 역대 우승을 차지한 부대는 모두 사단급 부대였음을 보더라도 우리는 큰 기대를 할 수 없었다. 그러나 항공단장은 대학에서 태권도를 전공하고 전국대회에서 입상 경험이 있는 필자를 태권도 분야에서만큼은 만능해결사로 생각하고 있었고, 이번 기회에 항공부대의 위상을 높이겠다는 각오를 피력하기도 했다. 설령, 필자가 지도한다고 해서 단박에 우승을 한다는 보장도 없지만, 대대장으로서 직접 지도할 수 있는 여건도 제한적이었다. 전담 코치가 필요했다. 이 일을 맡길 간부급 실무자를 물색하는데 선뜻 나서는 사람도 없었다. 업무분장표상 누구의 직무에도 해당하는 일이 아니었다. 또 지도할 만한 경험이나 능력을 고려할 때 강제할 만한 성격도 아니었다. 필자가 망설이고 있을 때 선수단원 중 한 명이 자신이 코치의 역할을 해보겠노라고 나섰다. "정말 할 수 있겠나?", "시켜만 주면 할 수 있습니다.", "시간도 없는데?", "최선을 다하겠습니다." 입대한 지 얼마 되지 않은 일병이라서 고민했지만 태권도 4단이었고, 확신에 찬 그의 대답은 분명했다. 결국, 그 일병에게 일을 맡기기로 했다. 그 이유는 확신에 찬 자신감과 그의 태도 때문이었다. 눈치 보고 주저하는 사람에게 억지로 시키는 것보다는 비록 어린 병사이지만 자기가 해보겠다는 적극적인 사람에게 맡기는 게 훨씬 낫겠다고 생각했다.

대대장으로서 가능한 지원과 역량을 쏟으며 하루 10시간을 넘게 훈련을 강행했다. 태권도협회의 전문지도 팀을 섭외하여 간간이 도움을 받기도 했다. 강도 높은 훈련 후 영양보충을 위한 식단도 중요했다. 줄줄 흐르는 땀을 훔치며 젖은 도복을 입고 훈련하는 현장을 보면 절대 그냥 지나칠 수가 없다. 20대 초반의 장정 20명이 회식을 하면 얼마만큼의 단백질이 필요할까? 좀 재미있게 표현을 하면 일주일마다 돼지 한 마리씩 지구에서 사라졌다. 현장에서 함께 훈련하고 땀 흘려 본 사람은 그들에게 단백질과 알코올이 언제 얼마나 필요한지를 느낌으로 알 수 있다. 결전의 날은 다가오는데 제한사항이 한둘이 아니었다. 어느 날 일병 코치가 대대장에게 정중히 건의를 해왔다. 상대 선수의 기량을 고려하여 경기규칙 범위 내 의도된 반칙을 구사하겠다는 것이었다. 나도 같은 생각을 하고 있던 차였다. 직선적 표현으로는 경기규칙의 범위 내에서 반칙을 써서라도 경기에서 이기겠다는 것이다. 상대해야 할 선수들에 비해 기술적 우위를 달성할 수 없다고 평가하여 체력과 정신력에 기반을 두고 저돌적인 경기를 이끌어가는 것도 좋은 방법이라고 판단했다. 또 선수들의 심리적 포기를 사전에 방지하고자 목표 달성 시 포상휴가 10일을 약속하기도 했다. 의무복무로 군대를 다녀온 사람은 포상휴가 10일이 병사들의 사기에 어떤 영향을 미치는지 짐작할 수 있다. 사실, 승패와 관계 없이 훈련에 최선을 다한 선수단원의 포상은 이미 계획하고 있었다. 결전의 날이 다가왔다. 결과는 항공단의 종합우승이었다. 겨루기 8체급 중 5개 체급을 금메달로 석권하였고, 품새 분야도 최고 성적으로 우승하였다. 격렬하고 터프한 경기로 오히려 군대다운 태권도를 보게 되었다는 칭찬도 들었다. 나의 판단대로 일병 코치는 주어진 임무를 훌륭하게 완수해 냈다.

합리성을 추구하는 요즘 MZ세대 젊은이들은 원칙과 명분을 선호한다. 목적과 이유를 잘 설명하고 설득하면 그들은 목숨 바쳐 일한다. 그러나 원칙과 명분에 맞지 않으면 명확하게 거부하거나 소극적이다. 이러한 MZ세대들의 사고방식을 '싸가지 없는 인간'으로 치부해서는 안 된다. 그들이 전문성을 가지고 역량을 발휘하도록 여건을 만들어 주는 것이야말로 기성세대가 해야 할 일임을 몸소 경험한 일이었다.

Stories of ordinary people's lives

제2부 역사·지혜

본질(本質)에 집중하면 당당할 수 있다

-

김민호(우석대학교 교수)

 무슨 일을 하더라고 본질에 집중하면 설사 한순간 잘못되더라도 내적인 두려움과 외부의 힘에 흔들림이 적다. 본질에 집중해야만 효율성이 높고 성과를 달성할 수 있다. 지금 내가 하는 일에 의구심이 든다면 처음으로 돌아가 왜 이 일을 해야 하는지 본질부터 따져야 한다. 본질은 근본적인 의미로 그 사물이 내재하는 목적을 나타낸다. 예를 들어 자동차는 운송의 목적으로, 세탁기는 빨래의 목적으로, 모든 사물은 존재하는 이유가 있기 마련이다.

 올림픽에 참가하는 것도 의미가 있지만 본질은 해당 종목에서 우승하는 것이다. 그래서 운동선수들은 4년에 한 번씩 열리는 올림픽에 참가하여 금메달 획득을 꿈꾸는 것이다. 대한민국의 여자 양궁

단체전 대표팀은 1988년 서울 올림픽부터 2024년 파리 올림픽까지 사상 초유의 '올림픽 10연패 달성'의 대기록을 수립했다. 또한, 지금까지 여자팀은 총 28개의 메달을 획득했으며 그중에서 금메달이 18개를 차지하고 있다. 1996년 애틀란타 올림픽에서는 우리나라 김경욱 선수가 과녁의 정중앙에 설치된 초소형 카메라를 두 번이나 명중시켜 '퍼펙트 골드'라는 별칭을 얻었다. 김 선수는 하루에 5시간씩 300발의 화살을 쏘는 연습을 하였다고 한다. 또한, 기보배 선수는 2012년 이탈리아 세계선수권대회에서 과녁 정중앙에 명중시킨 화살의 뒤를 명중시키는 '로빈후드 애로'를 달성하는데 이는 0.0058%의 확률이다. 선수들은 수많은 관중의 함성과 야유, 풍향, 긴장감 등을 극복하고 오로지 화살을 과녁 정중앙에 명중시켜야 한다는 본질에 집중했다. 본질에 집중함으로써 외부의 자극에 동요되지 않고 심리적으로 흔들리지 않아 좋은 성적을 거둘 수 있었다.

소금의 본질은 짠맛에 있다. 소금이 짠맛을 잃으면 그 본질에서 이탈한 것이며, 그 순간 소금은 소금이 아닌 단순한 결정체에 불과하다. 명제(命題)는 논리학적으로 뜻이 분명하여 '참', 또는 '거짓'임을 검증할 수 있는 '객관적인 사태'가 포함된 문장을 말한다. 즉 본질(本質)은 논리적으로 '참' 또는 '거짓'을 판단해야 한다. 하지만 최근에 우리 주변에서는 수많은 이슈와 현안들이 참 또는 거짓에 근거하여 본질을 표현하기보다는, 내 편이면 참이고 내 편이 아니면 거짓으로 평가하는 세태가 우리의 삶을 혼란에 빠뜨리고 있다.

현재 나의 업무가 힘들고 방향성을 상실하고 있다면, 왜 이 일을 하는지에 대한 본질을 따져봐야 한다. 그래야 불필요한 시간과 노력, 예산을 줄일 수 있다. 본질에 집중하면 설사 잘못되더라도 두렵거나 흔들림을 줄일 수 있고, 정상적인 궤적으로 돌아오는 회복력이 증대된다.

르네상스 시대 이탈리아 예술가인 미켈란젤로는 그의 나이 26세에 3년에 걸쳐 높이 5.1m의 대리석 다비드상(像)을 조각하였다. 완성된 다비드상을 보고 사람들은 완벽한 작품이라고 찬사를 보냈으며, 이에 미켈란젤로는 대리석에서 불필요한 부분만을 제거했다고 말했다. 그는 다비드상을 제작하는 본질에 집중하면서 정과 망치로 불필요한 부분을 제거한 것이다. 이렇듯 본질은 방향성을 유지하고 행동의 가치를 창출하게 하는 원동력이 된다.

어떤 일을 추진하고자 계획을 수립하는 것은 훌륭한 계획에 있는 것이 아니라 그 계획을 행동으로 옮기는 것이며, 계획의 본질은 시도를 통하여 추구하는 목표를 달성하는 것이다. 아무리 훌륭한 계획일지라도 시도하지 않으면 낙서에 불과하다. 또한 본질에서 벗어난 행위는 망망대해에서 돌아갈 항구 없이 열심히 노만 젓는 행위와 같으며, 결국에는 거친 풍랑으로 인해 배가 침몰하는 상황과 유사하다.

요즘은 젊은이 사이에 명품이 유행하고, 많은 여성은 명품가방을 가지고 있다. 혹자는 명품이라 부르지 않고 사치품이라고 부르기도 한다. 가방의 본질은 인간이 물품을 휴대하여 편리한 이동을 하기 위한 것이 본질이다. 하지만 명품가방은 물품 휴대의 편의성보다 자신을 과시하는 상징물이 되었으며, 본질에서 벗어나 오히려 사람이 가방을 섬기는 대상으로 바뀌었다. 그래서 명품가방 구별법으로 비가 왔을 때 가방을 머리 위로 올려 비를 피하면 짝퉁이고, 자신은 비를 맞으면서도 가방을 가슴에 품어 옷으로 가리면 진품이라는 우스갯소리도 있다. 필자는 34년 동안 한 분야에서 근무하면서 업무와 인간관계에서 엄청난 스트레스와 갈등에 직면했지만, 능력을 인정받고 고위직에 오르는 영광을 누릴 수 있었던 것은 본질에 기반한 당당한 업무수행의 결과라고 생각한다.

지금 자신이 하는 일이 힘들거나 의구심이 들 때, 때로는 강력한 추진력을 얻고자 할 때는, '왜 이 일을 해야 하는지'에 대한 본질을 생각하면 어떻게(How) 해야 하는지에 대한 수단과 방법을 고민하게 되고 알 수가 있다. 지금 당신이 하고자 하는 일의 방향성을 상실했다면 본질을 생각하라. 그 본질이 당신에게 이정표가 될 것이며, 정확하게 목적지로 안내하는 내비게이션(navigation) 역할을 할 것이다.

소통의 '징검다리'를 만들어라

김민호(우석대학교 교수)

 현대인은 휴대전화를 가지고 하루에도 수많은 메시지를 주고받고 있지만 여전히 소통이 부족하고 타인에 대한 공감능력이 부족하다고 한다.
 소통(疏通, Communication)은 막힘이 없고 오해 없이 잘 통해야 한다는 것이고, 공감(共感, Empathy)은 타인의 감정, 주장, 의견에 대해 나도 그렇다고 느끼거나 그런 기분을 갖는 것이다. AI가 하루가 다르게 급속도로 발전하고 있지만 여전히 인간만이 소통과 공감하는 능력을 지니고 있다.

 소통은 조직의 발전을 위해 기술과 자본 못지 않게 중요시되고 있다. 소통은 조직 내에서 상급자와 하급자의 의사전달을 자유롭게 하여 조직이 향하고자 하는 방향성과 최종상태를 알려주어서 구성원 모두가 한 방향으로 자원과 노력을 집중하여 얻고자 하는 목표를 달성할 수 있게 해 준다. 그래서 소통은 막힘이 없어야 하며 내용에 오해가 발생하지 않아야 한다.

우리나라는 2023년 기준으로 39,457개의 교량과 3,809개의 터널이 전국에 분포되어 교통의 흐름에 도움을 주고 있다. 교량과 터널은 교통의 흐름을 빠르게 하고 정체 구간을 최소화하여 막힘 없이 물류를 수송하여 경제발전에 이바지한다.

사람의 인체 혈관의 길이는 모세혈관, 정맥, 동맥을 포함하여 약 12만km로 지구를 세 바퀴 도는 길이와 같다. 만약 심장이나 뇌에서 혈관이 막히면 인간은 심장질환 및 뇌혈관질환으로 사망에 이를 수 있다. 실제로 2022년 통계청 자료에 의하면 인구 10만 명당 심장질환 원인으로 65.8명, 뇌혈관질환으로 49.6명이 사망했다고 발표했다. 심장과 뇌혈관질환은 여러 가지 이유로 혈관이 막혀서 혈액이 정상적으로 흐르지 않아 발생하는 질환이다.

인체 내의 혈액이 정상적으로 신체 말단까지 순환할 수 있도록 혈관 관리를 하는 것처럼 조직 내에서 구성원 간에 소통을 위해서는 다양한 노력을 해야 한다. 우리나라는 유교문화 영향으로 어른의 말씀에 무조건 순종해야만 하는 분위기 속에서 소신 있는 발언은 윗사람을 무시하는 버릇 없는 사람으로 낙인찍히는 삶이 일상에 깊이 뿌리내려져 있다. 우리의 유교문화는 자신의 의견을 피력하는데 장애가 되었으며 이런 현상은 아직까지도 남아 있다. 그러다 보니 식당에서 음식을 주문할 때도 자기의 소신 없이 "아무거나 달라"고 하는 이가 있다.

요즘에는 소통을 위해 조직 내에서 다양한 노력을 하고 있다. 상급자 사무실의 출입문을 없애고, 사무실 칸막이를 낮추고, 직급의 호칭을 없애고 이름을 부르면서 'OOO님'으로 호칭하는 등 물리적인 장벽을 제거하고 있다. 하지만 심리적 거리를 여전히 유지되고 있다. 켈의 법칙(Kel's Law)에 의하면 직급이 한 단계 멀어질수록 심리적 거리감은 제곱으로 커진다고 하였다. 계급과 직급간에 장벽이 생기고 이에 따라 조직원이 뛰어난 능력이 있더라도 상급자와의 심리적인 거리감으로 인해 자신의 의견과 주장을 제대로 말할 수 있는 소신이 없어지고 위축된다는 것이다.

옛말에 "마음이 지척(咫尺)이면 천 리(千里)도 지척이고, 마음이 천 리면 지척도 천 리다." 라는 의미는 심리적 거리의 중압감과 중요성에 대해 선조들의 지혜가 돋보이는 말이다. 따라서 소통을 위해서는 물리적 장벽 제거도 필요하지만, 구성원이 심리적인 안전감을 유지하도록 환경과 여건을 만들어야 한다. 다시 말해 조직 내에서 구성원이 직무와 관련하여 어떠한 의견을 제기하더라도 나에게 불이익이 오지 않을 것이라는 믿음을 주는 환경을 조성하여야 한다. 설사 하급자의 생각이 잘못되었다 하더라고 상급자의 관용이 있어야 한다.

예를 들어 하급자가 의견을 제시했는데 상급자가 그 의견의 배경을 알아보지도 않고 즉흥적으로 쓸모없다고 단정하는 순간에 소통의 길은 막히게 된다. 좋은 조직은 토의할 때 구성원이 다양한 의견을 제시하고 주장하지만 일단 결정이 되면 모두가 힘을 모아 한 방향으로 추진하는 조직이다. 반면에 그렇지 못한 조직은 토의 시에는 조용하다가 결정된 사항을 추진할 때 여러 가지 반대 이유를 들어 추진을 방해하는 행동을 한다.

소통은 서로 다름에 대한 이해를 바탕으로 소신 있는 행동에 기반하여 추진되어야 한다. 또한, 하급자가 의견을 제시할 때 상급자는 하품, 귀를 후비는 행동, 의자에 기대고 앉아 먼 산을 바라보는 행위, 휴대전화를 만지작거리는 행동은 심리적 거리를 벌리는 행동으로 유의해야 한다. 실제 사례로 두 장군의 보고 받는 유형을 설명하고자 한다. A 장군은 사무실에서 보고자가 서서 보고하게 하고 본인은 앉아서 보고 받는 유형이었으며, B 장군은 보고자에게 먼저 앉으라고 얘기하고 차 한 잔을 주면서 보고서와 보고자를 번갈아 가면서 시선을 맞추고 보고받는 유형이었다. 당연히 B 장군에게는 보고서에 반영되지 않는 내용까지 이야기하면서 소통했던 경험이 있어서 나도 장군이 되었을 때 B 장군의 소통방식을 벤치마킹하기도 했다.

2003년에 개봉한 『황산벌』 영화에서 계백 장군의 코믹한 대사 중에서 "여그 황산벌 전투에서 우리의 '거시기'는 한마디로 '머시기'할 때 꺼정 갑옷을 거시기한다." 라고 애매한 지시를 하지만 부하들은 내용을 모두 이해한다. 비록 영화의 재미를 위한 코믹한 대사였지만 상관과 부하의 소통에 막힘이 없음을 보여주는 대목이다.

반면에 매티스(James Norman Mattis) 미국 제26대 국방장관이 일독을 강력히 추천한 『이런 전쟁(This Kind of War)』을 저술한 파렌바크(T.R. Fehrenbach)은 한국전쟁 시 최초로 한반도에 투입된 미 24사단 예하의 '스미스 특수임무부대' 부대원들은 미군 복장만 보면 북한군은 도주할 것이고 단순히 치안유지 수준의 활동만 하면 된다는 생각으로 방어작전에 투입되었다. 하지만 오산 죽미령에서 치러진 첫 전투에서 한반도 전쟁상황과 북한군의 위협에 대한 정보력 부재와 소통의 부족으로 작전에 실패하고 후퇴하는 상황을 맞이하게 되었다.

크고 작은 돌덩이를 이용하여 하천에 징검다리를 만들듯 대인관계에서 소통을 위한 다양한 형태와 크기의 디딤돌을 놓아야 한다.

인간관계를 원만하게 유지하고 업무의 효율성을 높이는 첫 번째 단계는 소통에서 시작된다.

전화위복의 지혜와 영광

-

김슬옹(세종국어문화원 원장)

1. 죽음의 9부 능선, 박사학위

박사학위를 받으려면 죽음의 9부 능선을 넘어야 한다고 한다. 박사학위를 받은 사람들은 누구나 공감하겠지만, 실제로 그만큼 고통스럽고 힘들다. 이런 박사학위를 일부러 세 개 받으려는 사람은 속된 말로 '미친놈'일 것이다. 그 누가 한 번도 아니고 세 번씩이나 죽음의 9부 능선을 넘으려 할까? 철도고 1학년(1977) 때 한글학회 전국 국어운동 고등학생연합회(지도: 오동춘 교사, 현 짚신문학회 회장)에 가입하여 활동하면서, 세종대왕·주시경·최현배 위인들의 뒤를 잇겠다는 결심을 하고 이름까지 한자식 이름 '용성(庸性)'에서 순우리말

이름 '슬옹'으로 바꾸기까지 했지만, 이런 험난한 인생 여정을 살게 되리라고는 꿈에도 생각하지 못했다.

철도공무원을 그만두고 연세대 국어국문학과에 입학한 이유는 외솔 최현배의 뒤를 이어 한글운동가와 한글학자가 되기 위해서였다. 이는 송골 오동춘 스승님이 알려주신 연세 한글 정신과 외솔 정신, 세종 정신 덕분이었으며, 충무로 외솔회관에서 최현배의 저서를 함께 공부하며 한글시민운동을 했던 고교 국운회 동지들의 영향이 컸다.

사람들은 말한다. "그럼 세 번째 박사학위가 제일 쉬웠겠네요?"라고. 전혀 그렇지 않다. 가장 힘들었고 고통스러웠다. 자랑하려고 티 내는 것이 아니라 실제 그랬다. 물론 세 번째는 쉽게 받을 수 있으리라 생각하고 도전했다. 1994년에 연세대 박사과정에 입학하여 1997년에 수료했으나 박사 논문 제출 자격시험인 종합시험에서 김하수 교수님 과목(형태론)의 4학기 연속 과락으로 포기를 해야 했다. 이때 내가 만든 200자 5천 장 분량의 종합시험 준비서, 『문답으로 배우는 국어학 첫걸음』은 20여 년간이나 후배들의 종합시험 지침서가 되었으니 그나마 다행이었다.

2018년, 이때는 이미 박사학위가 두 개나 있었지만, 21년 전에 반강제적으로 중도에 포기한 박사과정의 한을 풀고 싶었다. 결국, 서상규 교수님의 배려로 21년 만에 복교하여 1년 만에 '훈민정음 해례본에 나타난 보편 문자 사상 연구'를 완성해 심사를 청구했다. 자만이었고 오만이었다. 2005년 훈민정음 역사 연구로 첫 번째 박사학위를 받은 이후 훈민정음 관련 수많은 연구서를 냈고, 2015년에는 간송미술관과 교보문고 요청으로 훈민정음 해례본 원본을 최초로 직접 보고 해설서를 쓰는 영예까지 누렸으니 쉽게 통과할 줄 알았다. 그러나 보기 좋게 1심에서 탈락했다. 그때 다섯 심사위원 선생님들의 공통 심사평을 간단히 줄이면 청구 논문이 박사학위 두 개 있는 사람의 격에 맞지 않는다는 것이고, 훈민정음 관련 저술이 이미 많으므로 '자기 표절' 인상을 준다는 것이었다. 심사평은 간결하고 부드러웠으나 얼굴을 들 수 없을 정도로 매섭고 엄격했다. 물론 출처를 밝혔으니 자기 표절은 아니라고 항변하고 싶었지만, 기존 내 저술을 종합하다 보니 그런 혐의를 주는 것은 분명했으므로 쥐구멍이라도 찾고 싶은 심정이었다.

2. 코로나 박사, 몰입의 결실

마음을 비우고 초심으로 돌아가 누구도 이의 제기를 하지 못할 창의적인 주제를 찾아야 했다. 완성 단계에서 세 차례나 논문 다시 쓰기를 반복하며, 무려 2년이 더 걸려 『훈민정음』 해례본의 역주 방법론 정립에 관한 연구'라는 주제의 학위논문을 완성할 수 있었다(논문 내려받기: www.riss4u.net). 해례본은 한문본이므로 한자, 한문과 번역 맥락에 대한 역주가 매우 중요한데 이에 대한 이론적 기반과 훈민정음 해례본학의 바탕을 정립한 것이다. 나이 든 후학을 더욱 엄격하게 지도해 주신 서상규 지도교수님과 심사위원분들 덕이었으니 새삼 고개가 숙여지고 존경하는 마음이 절로 일었다. 정신 없이 바쁜 중에 어려운 주제의 논문을 완성할 수 있었던 것은 코로나 덕이기도 했다. 공공단체를 이끄는 책임자였기도 했지만, 자유직업인으로 대중강연가였던 나는 코로나로 모든 강연이 중단되면서 10개월 가까이 논문 완성에 몰입할 수 있었다. 코로나는 모든 이들의 고통이었으나 나에게는 전화위복이었던 셈이다.

역주 방법론은 해례본이 1940년에 발견된 이후 전혀 다루지 않은 주제였고 해례본만의 전체 내용을 대상으로 한 최초의 논문이었으므로 나에게도 떳떳한 논문이 되었다. 세 번째 박사학위이기도 하지만 26년 만에 받은 논문이라 학위 받던 날 하염없이 눈물이 흘렀다. 사춘기 때 한글운동가, 한글학자의 길로 인도하셨던 외솔 최현배 선생 흉상이 있는 연세대 교정을 찾아 논문을 헌정하니 비로소 외솔 선생님도 활짝 웃으시는 듯했다. 연세대에서 외솔의 뜻을 잇는 교육자가 되는 꿈은 이루지 못했지만, 그 교정에서 학위를 마무리하니 뛸 듯이 기뻤다.

3. 전화위복, 세상에서 가장 아름다운 말

내가 가장 좋아하는 말이 '전화위복'이라는 말이다. 만일 1997년 무렵 연세대에서 박사학위를 받았다면 아마도 말뭉치(코퍼스, 빅데이터)를 기반으로 하는 전산언어학 분야로 받았을 것이다. 우리나라 최초 말뭉치인 연세 말뭉치는 고 이상섭 교수 발의로 구축된 것으로, 나는 최초 실무팀장을 맡아 전산과 후배들과 함께 말뭉치 분석 알고리즘과 도구를 개발하는 등 이 분야의 선구적인 역할을 했으므로 당연히 전산언어학 분야로 학위논문을 썼을 것이고 쉽게 대학 전임교수가 되었을 것이다. 그러나 내가 부덕한 탓으로 중도에 하차하면서 전공이 훈민정음으로 바뀌었다. 사실 바뀐 것이라기보다 학사 논문인, '입말투 글말의 역사적 의미(문효근 교수 지도)'는 세종대왕이 훈민정음으로 언문일치의 토대를 마련했다는 주제이므로 원래 주제(훈민정음)로 돌아간 것이다. 더불어 고등학교 때의 한글학자 꿈을 다시 살려낼 수 있었다.

1997년 연세대를 떠난 뒤에는 5년간 자유롭게 소쉬르, 촘스키, 들뢰즈 등 세계적인 사상가들의 사유를 자유롭게 넘나들며 서울사회과학연구소 등에서 다른 학문 전공자들과 교류하면서 학문의 시야를 넓힐 수 있었다. 그러다가 2005년에 상명대 국어국문학과에서 최기호 교수님 지도로 『조선왕조실록』의 한글 관련 기사를 통해 본 '문자 생활 연구'로 첫 번째 박사학위를 받았다. 이 당시 실록 시디(CD, 서울미디어)가 처음 나와 가능한 주제였다. 조선왕조실록에 나온 천여 건의 훈민정음 기록을 종합 분석한 최초 논문이었다.

생계를 위해 국어교육 쪽으로 일하다 보니 제대로 된 국어교육학을 연구하고 싶었고, 2010년에는 동국대 국어교육학과에서 김혜숙 교수님 지도로 '국어교육 내용으로서의 맥락 연구'로 두 번째 박사학위를 받을 수 있었다. 맥락 중심 사유는 세종식 사유이기도 하였으니 이 또한 세종의 길이었다.

4. 시련 뒤의 영광

박사학위가 둘이 되다 보니 대학 전임교수 되기가 더 어려웠다. 원서를 낸 것만 50여 차례, 총장 면접만 20여 차례가 됐다. 결과는 참패였다. 박사학위 두 개가 더 부정적 영향을 끼쳤다. 왜 왔다 갔다 하느냐는 것이다. 어느 대학 심사에서는 어느 쪽이 진짜 정체성이냐고 묻기까지 했다. 통섭, 융합이 중요하다고 하지만 실제 현실은 그렇지 않았다.

대학 강사로서 강의평가 1위 2회 수상, 교보코칭센터 조사(2016) 가장 듣고 싶은 국어강사 1위 선정, '베스트 티처상' 수상 교수의 수업 모형 선정(문화인류학회, 이용숙 교수), 수십 권의 저술과 수많은 논문 업적, 20년 이상의 시각장애인을 위한 사회봉사 업적, 많은 대학생들을 직접 취업시킨 공로 등이 있어도 전임 되기가 불가능했다. 모교인 연세대에서조차 다섯 번이나 실패했다. 연세대 출신으로 유일하게 정통 국어교육학 박사학위가 있음에도 사범대가 없는 연세대 교육대학원에서조차 교수가 되지 못하는 현실에 절망했다. 그러나 전화위복이었다. 전임 교수로 안정된 자리에 올랐다면 굳이 세 번째 박사학위를 할 이유가 전혀 없었을 것이다. 뜻하지 않은 시련 덕에 나는 세종 전문가로 거듭날 수 있었다.

40여 년간 세종과 우리말글 관련 저서를 121권(공저 70권)를 집필하여, 이러한 공로로 외솔상, 대한민국 한류대상, 세종문화상 학술부문 대통령상 등 여러 상을 수상하고 다양한 분야에서 세종 정신을 널리 알리는 데 힘쓰고 있다.

무엇보다 기쁜 것은 세 번째 학위로 훈민정음학과 훈민정음 해례본학을 제대로 세울 수 있었고 세종을 오롯이 이해하고 가슴으로 품을 수 있었다. 대한민국 국민 모두 세종대왕을 존숭하지만, 세종의 업적은 우리가 알고 있는 그 이상이다. 논문으로도 발표했지만, 요즘 학자들이 가장 많이 인용하는 소쉬르, 촘스키, 들뢰즈의 사유와 사상이 이미 1446년에 나온 훈민정음 해례본에 녹아 있다.

박사학위 세 개의 명예를 걸고 장담하건대, 100년 뒤의 챗지피티(ChatGPT)도 15세기의 훈민정음을 뛰어넘는 독창적인 문자를 만들지 못할 것이며 세종대왕과 여덟 명의 학사들(정인지, 최항, 박팽년, 신숙주, 성삼문, 강희안, 이개, 이선로)이 쓴 『훈민정음』 해례본보다 더 뛰어난 인류의 고전을 만들어내지 못할 것이다. 불운의 연속이었던 파란만장한 고단한 삶이 오히려 생의 의지를 더 북돋워 주고 훈민정음을 더욱 깊게 이해하고 세종대왕을 더 흠모하게 만들었으니, 어찌 그 시련을 감사하게 여기지 않을 수 있겠는가?

놀기 위해 일한다!

-

김향자(영남대학교 병원 전문간호사)

　막내아들 녀석이 "엄마는 방학생활 계획표처럼 사는 사람 같아." 라고 한다. 속이 훤히 보이는 삶! 나도 굉장히 계획적인 사람이라는 걸 인정한다. 계획한 시간에 일어나고 밥은 꼭 챙겨 먹으며 출근하고 일하고 퇴근하고 밥 먹고… 또 하루가 반복된다. 매일 같은 시간에 잠을 자지만 수면 중에도 자주 잠을 설치는 편이다. 게다가 알람 소리를 듣고 일어난적은 거의 없다. 그러나 규칙적인 습관 덕분에 지각을 해 본 적은 없다. 그 규칙이 어그러지면 일상이 깨질 수 있겠지만….

　고등학교 단짝 친구는 평생 이렇게 살아온 내 규칙적인 습관이 제일 부럽다고 한다. 규칙적이고 계획적인 생활 습관이 익숙하고 편하다. 학교 다닐 때도 제일 먼저 교실 문을 열고 들어가는 것을 좋아하고, 지금도 제일 먼저 출근해서 문을 열어 놓은 일은 나의 몫이다. 약속 시간에도 1시간 정도는 일찍 도착해야 마음이 편하다.

 계획적으로 움직이면 나만의 여유를 즐길 수 있고, 준비할 시간이 많아 실수를 줄이고, 여분의 시간은 언제든 일어날 수 있는 이벤트를 즐기며 해결하는 데 사용한다.

 지금까지 이렇게 살아온 나는 그렇게 대단한 사람이 되어 있는 것도 아니고, 내 삶이 그렇게 빛이 나는 것도 아니다. 어쩌면 가장 평범한 삶을 살아가고 있다. 언제부터 어른이 되었는지 모르지만, 어렸을 때부터 철이 빨리 들어서 '애늙은이'라는 소리를 많이 들었다. 스스로 일어나고 공부하고 혼자서도 잘 놀고 가능하면 모든 걸 알아서 했던 것 같다. 머리도 혼자 묶고 땋으며 빨래도 혼자서 해결했다. 학창시절 당시 내 또래들은 나처럼 스스로 할 수밖에 없는 환경이었는지도 모른다. 부모님께 특별히 요구하지도 떼쓴 기억도 없는 걸 보니 착한 아이였나 보다. 그러다 보니 다른 사람들의 도움 없이도 큰 일이든 작은 일이든 별로 당황하지 않고 독립적으로 잘 해결할 수 있었던 것 같다.

지금의 나는 지방의 대학병원에 다니는 경력 38년 차 간호사다. 그동안 일을 그만두고 싶은 생각을 가진 적이 없다고 하니까 이상한 간호사라고 말한다. 규칙적이고 계획적인 오랜 습관 때문인지, 아니면 일을 좋아하는 것 때문인지, 월요병이 따로 없다고 하니까 더 이상한 간호사라고 주변에서 말한다. 주말 동안 나를 기다리고 있을 환자들을 생각하면서 발걸음을 재촉한다고 하니까 그저 웃기만 한다.

1988년 나의 첫 발령지는 응급실이었다. 그 당시 응급실은 누구나 가길 꺼리는 곳이었다. 지금도 마찬가지지만. 그래도 난 그곳이 보람을 느낄 수 있어서 좋았고 일에 재미도 있었다. 피 튀기게 싸우고 삶과 죽음이 존재하는 그곳! 나름 드라마틱하면서 천국과 지옥을 오고 가는 곳이지만 그래도 그 일에 보람을 갖고 있었다. 물론 힘들고 스트레스를 많이 받는 곳이기는 하다. 그 당시 유행했던 말이 "토요일은 밤이 싫어."였다. 토요일 밤엔 유독 술을 마시고 온갖 사건·사고로 병원에 오는 사람들이 많았다. 술이 덜 깬 채 욕하고 침 뱉고 때론 폭행까지도 이어지는 현장이 병원 응급실이었다.

정신 없이 지낸 시간 속에 기억나는 사건들이 몇 가지 있다. 하얀 고무신을 출입문 입구에 벗어 놓고 맨발로 응급실에 들어서서 가족을 찾는 시골 할아버지들! 오빠와 다툼 끝에 제초제를 마시고 자살을 시도한 여학생! 이미 사망하신 부모님을 모시고 와서 아직 몸이 따뜻하다고 죽음을 받아들이지 못하는 자식들! 임신한 줄도 모르고 배가 아파서 왔다는 교복 입은 여학생! 열 경련을 일으켰던 아기를 안고 와 어찌할 줄 모르고 울고만 있는 엄마! 콧구멍에 땅콩을 집어놓고 빠지지 않아서 온 장난꾸러기 사내아이! 코피를 한 대야 쏟았다고 울면서 온 아이! 식사 중 친구와 싸우다가 병뚜껑에 얼굴이 찍혀 온 아저씨! 입 주위에 상처가 있어서 오면 성형외과냐 치과냐 서로 환자를 데려가려고 신경전 벌이던 레지던트들! 손가락 다쳐서 오면 성형외과냐? 정형외과냐? 손가락을 살리느냐 자르느냐를 고민하는 의료진들! 오늘도 내일도 술 먹고 난동부리는 환자들! 병원 응급실의 일상이다.

지난 시절 이런 드라마 같은 이야기들이 모인 삶 속에서 그래도 나는 일을 즐겼다. 밤새 너무 바빠서 아침엔 녹초가 되어도 퇴근길에 동료들과 병원 근처 기사식당에서 아침밥을 먹고 집으로 갔었던 그 시절이 가끔 생각난다. 간호사는 무척 힘든 직업이다. 더군다나 응급실은 3교대를 해야 하고, 한 달 중 거의 반을 야간 근무를 해야 하지만 환자와 보호자들에게 봉사할 일이 많은 곳이기에 더 애착이 간다. 다행히도 그 당시 같이 근무했던 동료들과의 관계가 좋앉기에 힘들었지만 잘 지낼 수 있었고, 지금도 모든 시간들이 아름다운 추억이 되었다.

    내가 일만 하였다면 내 삶이 그렇게 즐겁지는 않았을 것이다. 일할 때는 모든 것을 잊고 일만 한다. 하지만 놀 때는 정신 줄을 놓고 노는데 집중한다. 고등학교 단짝 친구들과 늘 함께 휴가를 즐겼다. 열심히 놀기 위해서 일하고, 일하기 위해서 논다. 일한 후의 휴식은 달콤하다. 진정한 휴식은 땀을 흘려봐야 휴식의 진정한 맛을 알 수 있다. 그 휴식은 일을 하기 위한 활력소를 만들고 에너지를 재충전해 준다. 이런 삶을 살고 있는데 어찌 즐겁지 아니한가.
    당신이 나에게 왜 열심히 일하냐고 묻는다면 나는 당당하게 말한다. "놀기 위해 일한다."라고.

북방 유목민족으로부터 배우는 교훈

-

박연수(애널리스트)

여진족, 말갈족, 흉노족, 돌궐, 몽골 등은 우리에게 낯설지 않은 단어다. 중앙아시아, 알타이산맥, 내몽골 등에서 유목(遊牧)을 하던 민족이다. 이들의 일부는 세력을 규합하여 거대한 제국을 이루었던 시절이 있었다. 가축을 통제하기 위해 말(馬)을 순화시키고, 재갈과 안장(鞍裝)을 개발했으며, 신속한 이동과 전투에 맞도록 개선했다. 생활환경은 척박했지만, 수렵과 약탈을 병행했기 때문에 신체적·군사적으로는 강했다. 족장(族長)은 약탈한 것을 부족들에게 나누어 주는 데 주력했고, 족장이 약해지면 분열했다. 따라서 부족들 간의 결속은 느슨했고 권력 다툼도 빈번했다.

이들과 인접한 중국과는 오랫동안 대응하는 세력권을 형성했다. 유목 국가들은 중원(中原)을 정복하여 정착하기보다는 약탈이나 화약(和約)으로 조공을 받았고, 교역 이익도 취하면서 제국을 유지했다. 중국은 외교·협상·이간(離間)·이이제이(以夷制夷)로 부단히 이들을 몰아내려 했다. 유목 제국이 형성되거나 반대로 중국의 세력이 강해질 경우 주변 세력들은 이들에게 복속되었다. 특히 거란, 여진, 돌궐 등은 한반도의 북부와 만주 일대에 살면서 우리 선조들과 다양한 형태로 관계를 갖고 영향을 미쳤다. 필자는 이러한 유목민족들의 존멸(存滅)·부침(浮沈)이 아직도 우리에게는 적지 않은 교훈이 된다는 것에 주목하길 바라는 마음으로 졸고를 정리했다.

우선 한때 거대한 제국을 세웠던 대표적인 유목민족들을 일별(一瞥)해 보자.

흉노족(匈奴族)은 BC 4세기~AD 5세기까지 북아시아 스텝지역에서 생활한 다민족 제국이다. BC 3세기경 부족장 두만(頭曼)과 아들 묵돌(冒頓)이 세력을 확장하여 북방 최대의 국가를 세운다. 그러나 전한(前漢) 무제(孝武皇帝)에 의해 쇠퇴한다. 이후 권력 다툼으로 분열을 거듭하다가 멸망하고 초원지대로 사라진다.

거란족(契丹族)은 4세기부터 남만주·내몽골 일대에서 살다가 대부분 고구려에 복속됐다. 그러나 고구려가 멸망하자 당(唐)의 지배를 받았고, 당이 망하자 야율아보기(耶律阿保機)가 대거란을 세워 발해를 멸망시킨 후 대요(大遼, 947년)로 개명한다. 그러나 내분과 반란으로 약화되어 금(金)과 몽골에 의해 멸망(1211년)한다.

돌궐(突厥)은 흉노족의 분파로서 알타이산맥과 중앙아시아 일대에서 살았다. 부민 카간(伊利 可汗)이 돌궐을 통합하지만 그가 죽자 분열하고, 중국을 통일한 수(隋)에 의해 몽고사막으로 쫓겨난다. 수나라가 망하자 일테리쉬 카간(沙鉢羅咥利失 可汗)이 제2돌궐제국(683년)을 세우지만 당(唐)에게 패한 후 서부지역으로 민족이동을 시작한다. 한때 세웠던 셀주크투르크 제국(1040~1157년)은 몽골에 멸망한다.

몽골족(蒙古族)은 11세기 이전부터 중앙아시아 북부지대에서 유목생활을 했다. 테무진(鐵木眞)이 부족들을 규합하여 제국(1206년)을 세우고, 오고타이 칸(窩闊臺 汗)은 금(金)을 정복한다. 제국이 커지자 4개 칸국으로 분리 통치했으며, 쿠빌라이 칸(忽必烈 汗)이 원(元, 1271년)을 세워 중국을 통일한다. 그러나 무리한 원정과 권력 다툼으로 약해져서 명(明)에 의해 몽골고원으로 쫓겨난다. 이후 청나라에 흡수되었다가 독립하여 공화국(1924년)을 세우지만, 현재는

300만 인구의 세계 130위권 국가로 존재하고 있다.

여진(女眞)은 랴오닝성·지린성·연해주 등에서 살았다. 이들은 거란에 복속되었다가 세력을 규합하여 요(遼)를 멸망시키고, 아구다(阿骨打)가 금(金, 1115년)을 세운다. 그러나 남송·몽골에게 패배하고 명(明)에 의해 분열된다. 이후 누르하치(努爾哈赤)가 부족을 통합하여 대금(大金, 後金)을 세우고 청(淸, 1636년)으로 국호를 고치지만 부패해서 멸망(1912년)한다. 그리고 여기에 중화민국이 들어선다.

위에서 언급한 것처럼, BC 7·8세기부터 AD 18세기에 이르기까지 다양한 북방 유목민족들이 부족형태로 살았거나 제국을 이루기도 했다. 이들은 동족끼리 단합하여 척박한 환경을 극복·적응하면서 생존하려 했다. 유목을 위해 다양한 이동수단과 수렵 도구도 개발했고, 강하고 유능한 족장을 중심으로 규합했다. 이들이 생활하던 곳이 대체로 교역이 활발한 비단길 통로였기 때문에, 이곳을 장악하여 이익도 차지했다. 유목으로 인해 상대적으로 빈약한 문화는 정복지역에서 받아들여 정착하려 했다.

그러나 익숙했던 지역을 벗어나서 새로운 곳에 정착하기보다는 유목생활을 선호했다. 의식주를 확보하기 위해 타 부족을 살상하거나 약탈에 의존했다. 그래서 싸움이 빈번했다. 지배 세력 교체기에는 갈등으로 분열했고, 적대 부족에 강한 족장이 나타나면 이들에게 멸망을 당하거나 복속되었다. 문화적인 뿌리도 빈약했기 때문에 우수한 문명과 문화를 가진 피점령국에게 동화되었다. 대부분 이렇게 살면서 흥망성쇠(興亡盛衰)를 반복하다가 오늘에 이르렀다.

반면 우리의 선조들은 유목이 아닌 농업을 위주로 한 정주(定住)민족이다. 그러나 고구려·발해·부여 등은 북방 유목민족들과 인접한 국가였기 때문에 서로에게 영향을 주고 있었다. 부여(北扶余)는 선비족의 잦은 공격으로 약화된 후 고구려에 병합(494년)되었다. 고구려는 지배층의 내분과 정변 등으로 분열된 후 당과 연합한 신라에 의해 멸망(668년)한다. 발해는 세력이 급성장한 거란에 의해 멸망(926년)하고, 신라는 집권체계 약화와 호족 반란 등으로 분열되어 고려에 흡수(935년)된다. 고려는 부패와 내란으로 약화되다가 몽골의 지배(1259년)를 받았고, 결국 내우외환(內憂外患)으로 망하여 조선(1393년)으로 바뀐다.

조선은 국론분열과 열악한 민생 속에서 왜란(倭亂)을 당했고, 국제정세에 둔감한 채 숭명반청(崇明反淸)하다가 호란(胡亂)으로 청의 속국이 되었다. 후기에는 권력암투·부정부패 등이 누적되어 일본에게 국권을 침탈(1897년) 당했고, 무늬뿐이던 대한제국은 결국 일본 제국의 식민지(1910년)로 전락하고 말았다.

일제에서 독립한 대한민국은 기틀을 정착하지 못한 채 정치·이념 분쟁으로 다투다가, 북한의 남침으로 6.25전쟁을 겪었다. 개전 후 2개월도 되기 전에 낙동강 선까지 퇴각하면서 적화통일 직전까지 갔다. 그나마 소련의 불참으로 이뤄진 UN 안보리 결의와 유엔군의 지원, 국민의 헌신적인 희생으로 멸망을 모면한다.

결국 우리도 북방 유목민족들처럼, 지배계층의 약화와 분열, 강대해진 적대국의 등장으로 인해 흥한 후 망하거나 지배받기를 반복했다. 압록강과 두만강 선 이남의 한반도에서 쫓겨나지만 않았을 뿐이다. 저들이 한반도까지 들어와서 장기간 지배·정착할 상황도 안되었지만, 국가가 위난에 처했을 때마다 신분 고하를 막론한 성웅(聖雄)들이 나타나 민초(民草)들과 함께 이 땅을 지키려고 한 덕분이기도 하다.

한반도에서 6·25전쟁이 끝난 지도 70년이 더 지났다. 오늘날 국가는 성숙한 균형 발전을 위해 활발하게 작동해야 할 시기인데, 정치는 오히려 완전히 퇴보했으며 야합과 분열로 사회가 어지럽다. 망하는 지름길은 위정자(爲政者)와 고위 공직자들의 무능과 부패, 사회기능의 약화와 혼탁, 사회적 분열이다. 더욱이 우리에게서 반사이익을 취하려는 적대 주변국에 의해서 균열은 촉진된다. 북방 유목민족들이 흥망성쇠한 원인이 현재의 우리와 무관하지 않다. 오히려 우리가 그 길을 반복할 것을 염려해야 한다.

현재 우리의 주된 위협인 북한은 적대관계를 종식하자던 평양공동선언과 9·19 군사합의 이후에도 군사적 도발을 계속했다. 사이버 도발은 이 순간에도 진행 중이다. UN 안보리에서는 2006년부터 2025년 현재까지 12차례나 대북제재를 결의했다. 북핵 관련 비핵화 합의도 8번을 했다. 그러나 괄목할 만한 효과는 없었다. 오히려 북한의 도발 위협과 역량은 증가했고, 중·러가 북한의 뒷배를 단단히 하고 있다. 조선노동당 최고인민회의 상임위원장 황장엽씨가 망명(1997년) 올 당시 "남한 내 고정간첩이 5만여 명"이라고 했는데, 오늘날 국정원 대공수사권이 폐지되고 경찰로 이관(2024.1.1.)되고 있는 역설적 현상은 어떻게 봐야 하는가?

우선은 국가 지도체계가 걱정거리다. 늘상 전 정권의 약점을 발판 삼아서 권력을 잡지만, 졸속(拙速)한 국가운영으로 국가 전반이 취약해지고 있다. 제반 문제를 해결하고 올바르게 정치를 할 것 같은 신뢰감도 없다. 전직 두 대통령은 전후임 할 것 없이 가정사(家庭事)가 문제다. 사회 혼란을 재촉하는 듯 하다. 국회의원을 포함한 주요 공직자들도 이에 못지않다. 배임과 횡령, 부정 축재와 탈세, 권력형 갑질 등 각종 비리가 뉴스를 채우고 있다. 그럼에도 불구하고 의혹을 받고 있는 많은 자들을 고위직에 계속 임명하는 건 또 뭔가.

안보의 기반인 군이 굳건하면 그나마 다행인데, 실상은 아니다. 사관생도는 매년 10%가 넘게 자퇴한다. ROTC 지원 경쟁률도 낮아졌다. 부사관 지원은 정원에 한참 미달이다. 간부의 자질이 전쟁 승패와 병사의 생존을 좌우한다. 엄선하여 양성해도 부족할 판에 지원자 미달은 심각한 문제다. 완벽한 군사태세가 필요하다지만 군은 속으로 깊은 병을 앓고 있고, 명쾌한 해결책이 보이는 것도 아니라서 걱정이다. 군의 무기태세 우위(優位) 유지는 기본이므로 언급하지 않겠다. 현재 가장 시급한 것은 군의 우수한 간부 획득과 양성체계의 보완이다. 많은 시간과 예산이 필요하며 단기에 효과가 생기는 것도 아님을 잊어서는 안 된다.

또한 우리에겐 청렴하며 국가와 국민을 위해 노련하고 세련되게 일할 통찰력 있는 인물들이 절실히 필요하다. 대안이 없어서 선출·임용되는 정치인·공직자의 시대는 청산해야 한다. 그들을 임용하려면 엄격한 잣대로 그들이 지나온 행적을 소상히 따져야 한다. 인성(人性)은 좀처럼 바뀌지 않는데, 흐려진 물감을 윗물에 넣으면 어찌 되겠는가. 윗물부터 흐려지지 않도록 반드시 경계해야 하며, 이들의 과오는 엄단해야 하고, 관련 법을 재정비 해야 한다.

북한을 포함한 주변국과의 관계는 거시적인 안목으로 상황을 주도해야 한다. 단숨에 정치적 성과를 보려고 무리수를 던지면 득보다 실이 많게 된다. 어떤 정권은 반일(反日) 프레임으로 양국의 관계가 바닥이었다. 또한 국가 주요 부문의 자생력을 강화해야 할 판에 유명무실한 친북(親北)·종북(從北) 외교로 북한의 통치권과 군사력만 강화시켰다. 그들은 늘상 도발해 왔고 그 의지와 의도를 숨기지도 않았는데, 미온적으로 현상 유지에 급급해 왔던 우리 자신이 더 문제였다. 우리 곁에 붙어 있는 중국도 종종 교역과 문화교류 등에 제동을 걸면서 거들먹거린다. 과거 돌궐이나 흉노의 세력 확장을 억제하려던 꼴과 흡사하다.

파란만장한 역사의 우크라이나가 러시아에게 크림반도를 뺏긴 지 9년 만에 다시 침략(2022. 2. 24)을 받았다. 현재는 우방국의 군사지원을 받아서 전쟁을 치르고 있지만, 이러한 지원이 계속될지는 알 수 없다. 반면 이스라엘은 팔레스타인 무장정파 하마스의 대규모

테러(2023. 10. 7.)에 대해 강력한 응징을 하고 있다. 국제 반응은 분분하며, UN은 양개 분쟁에 대해 효과적인 역할을 못하고 있다. 잠시 치러야 할 홍역이겠지만, 트럼프 미 대통령도 천방지축이다. 의지가 확고하고 자위력(自衛力)이 있는 국가만이 자신이 처한 상황을 주도해 나아갈 수 있다는 교훈을 되새기게 해 주고 있다.

 이 글을 읽고 있는 귀하의 희망·꿈은 무엇인가. 현재는 무엇을 하고 있으며, 장차 무엇을 하려 하는가. 당신의 올바른 생각과 실천하려는 의지가 무엇보다 중요하다는 것을 강조하고 싶다. 공직자가 되고 싶다면 도덕적 양심을 키우고 부정부패를 멀리하라. 전문 직장인이 되려면 지혜를 키우고 공익에 기여하는 정신을 가져라. 언론인이 되려면 옳고 그름을 가리는 안목과 용기를 키우고 적시적으로 알리고자 노력하라. 군사 전문가가 되려면 높은 가치관과 국가관을 세우고 책임감과 리더십을 키워라. 국민의 일원으로서는 위정자들이 국가와 국민을 위해 똑바로 일을 하는지에 대해 관심을 기울여야 한다. 하지만 어떠한 일을 하든지 우리의 역사가 북방 유목민족들처럼 악순환되지 않도록 하기 위해서는 당신의 역할이 중요하다는 것을 부디 잊지 않으시기 바란다.

후기 조선으로부터 배우는 교훈

-

박연수(애널리스트)

안보(安保, 安全保障)란 "외부의 위협이나 침략으로부터 국가와 국민의 안전을 지키는 일"이다. 그러나 다른 나라에 의해서 이뤄지는 직접적인 침략이나 위협만이 우리의 안보를 해치는 것은 아니다. 지나간 역사를 돌이켜 보면, 오히려 국내에서 적체된 그릇된 일들이 안보를 해친 경우가 더 많았다.

후기 조선의 모습을 보면 딱 그렇다. 지배층의 부패, 넘쳐나는 탐관오리, 당파싸움에서부터 계속 이어진 권세가(權勢家) 중심의 세도정치 등이 조선을 무너뜨렸다. 주변 열강(列強)의 점증하는 위협에도 무기력하다가 일제(日帝)에게 국권을 침탈당했다. 조정(朝廷) 수뇌

부의 적지 않은 작자들이 일제에 동조했고, 을사늑약(乙巳勒約)으로 국가를 갖다 바쳤다. 을사오적(乙巳五賊, 박제순, 이지용, 이근택, 이완용, 권중현)과 삼흉(三凶, 이재극, 이하영, 민영기) 등은 그 대가로 작위(爵位)를 받았고 자손들은 이것을 세습했다.

조선(朝鮮, 1392~1910)은 519년 동안 27대의 왕조를 유지하다가 몰락했다. 그럼에도 불구하고 왕의 재위 기간과 역량 등으로 볼 때 21대 영조와 22대 정조 시절이 조선을 마지막으로 지켜낼 기회였다고 생각한다. 두 왕은 조선왕조 총 기간의 1/7이 넘는 76년간을 재위했고, 적체된 폐단을 청산하기 위해 나름의 노력을 했기 때문이다. 그러나 이후로부터 조선은 곧장 망하는 길로 들어섰다.

영조(英祖, 1694~1776)는 조선의 최장수(最長壽) 왕이었다. 그는 숙종의 승은(承恩)을 입고 숙빈(淑嬪)이 된 천민출신 궁녀의 아들이다. 빈약한 지지기반 하에서 경종이 급사하자 왕이 되었고, 조선 왕들의 평균 재위 기간(19년)의 2.5배가 넘게 52년간을 재위했다. 당쟁과 사화(士禍)로 쌓여온 후유증을 치유하고 왕권을 다지기에는 충분한 기간이었다. 하지만 상황을 타개하지 못하고 아들(사도세자)마저 임오화변(壬午禍變)으로 죽게 하고, 손자(후일 正祖)를 사도세자의 이복형(효장세자) 아들로 입적시킨 후 왕위를 넘긴다.

정조(正朝, 1752~1800)는 노론 벽파의 극심한 반대 속에서 즉위한다. 10세에 아버지인 사도세자가 죽자 서인(庶人)이 된 어머니 혜경궁 홍씨와 함께 궁궐에서 쫓겨났다가 복귀했다. 영조의 후사가 없었던 덕이다. 왕이 되기 전 동궁 수업을 10년 넘게 받지만, 친부에 관한 말도 못하면서 두려움 속에 살았다. 왕으로서는 24년 3개월을 재위하나, 계조모(繼祖母) 정순왕후(貞純王后)를 위시한 반대파와 외척들이 크나큰 걸림돌이었다. 정도도 이런 상황을 말끔히 해결하지 못한 채 죽고, 모든 정책이 정순왕후에 의해서 폐지된다. 결국 영·정조가 오랫동안 집권했음에도 불구하고 이후의 조선은 척족에 의한 세도정치로 전락하고 말았다.

정조 이후의 모든 왕권은 허약했다. 왕 다운 왕도 없었다. 23대 순조(純祖, 1790~1834)는 무능했다. 유약한 11세에 왕이 되지만 증조모 정순왕후의 수렴청정 하에서 정조의 체계는 무너졌다. 노론 시파 김조순이 자기 딸을 순조의 비로 만들면서 경주 김씨에서 안동 김씨로 세도가 바뀐다. 외척의 세도와 부정부패는 극에 달하고 백성들은 재해와 기근으로 헐벗게 된다.

24대 헌종(憲宗, 1827~1849)은 요절(夭折)한 효명세자의 아들이다. 8세에 왕이 되어 안동 김씨 세도의 주역인 조모 순원왕후의 수렴청정을 받는다. 헌종의 모후인 신정왕후 풍양 조씨 가문의 권세도 하늘을 찔렀다. 매관매직이 횡행하고 사회질서 전반이 무너졌다. 결국 헌종도 23세에 후사 없이 또 요절한다.

25대 철종(哲宗, 1831~1863)은 사도세자의 서자 은언군(恩彦君)의 손자다. 이복형 회평군(懷平君)이 옥사에 연루되자 강화에 유배되어 살았다. 그러나 헌종이 후사가 없자 순원왕후의 수렴청정을 받으며 왕이 된다. 외척의 힘은 막강해진다. 삼정(三政)은 무너지고 백성은 피폐했는데 철종은 주색에 빠져 병사한다.

26대 고종(高宗, 1852~1919)은 헌종의 모친 신정왕후가 자기 아들의 양자로 입적시켜 왕위에 올렸다. 11세에 왕이 되자 신정왕후와 흥선대원군의 간섭을 받았다. 군란·정변·민란 등이 빈발했고, 서구 열강과 청·일·러의 각축전 속에서 나라는 풍비박산 났다. 결국 고종은 일제에 의해 퇴위 당한 뒤 돌연사한다.

27대 순종(純宗, 1874~1926)은 이름뿐인 대한제국을 인수했다가 한일합병(1910.8.29)으로 나라를 뺏긴다. 그럼에도 혈족·외척, 훈신·척신, 파당·세도 등 알력다툼은 나라가 망한 이후까지도 계속되었다.

그래도 조선은 정조 이후로부터 망할 때까지 무려 110년이나 간다. 우리 곁에 붙어 있는 중국만 해도 삼국지(三國志)로 회자되는 위·오·촉을 포함해 역사가 110년도 안 되는 나라가 40%다. 당·명·청도 300년이 안 된다. 감히 조선처럼 500년이 넘는 왕조가 없다. 하지만 유구했던 조선도 멸망을 예견하거나 막아내지 못했다. 순조 때 이후의 마지막 5대 왕조 동안 24명의 왕비와 후궁, 31명의 자손이 있었지만, 요절하지 않은 자손은 5남 6녀에 불과했다. 이 중에서 아들 4명은 모두 망하기 직전의 고종이 생산한 것이다.

임오군란(1882), 갑신정변(1884), 갑오개혁(1894) 등이 망해가는 조선을 바꾸려던 시도였다고 하더라도 실패했다. 일제 치하에서 일어난 3.1 운동(1919)도 조선왕조를 복원하자고 한 것은 아니었다. 이후 주자성리학을 고수하는 '친중 위정척사파', 일본을 추종하는 '친일 개혁파', 기독교적 윤리에 기반한 '친미 기독교파', 소련 공산주의자의 지원을 받는 '친소 공산주의파', 혈통·민족정신으로 결집하려는 '인종적 민족주의파' 등이 난립했고, 또다시 남·북, 좌·우로 분열되고 만다.

해방과 동시에 한반도는 이념 갈등 속에서 남북으로 갈렸다. 그리고 북한의 끊임없는 침략·도발과 맞싸우며 오늘을 이뤘다. 북한은 조선민주주의 인민공화국을 수립(1948.9.9)한 이래 김일성이 46년, 김정일이 17년, 이후는 김정은이 현재까지 총 76년간 세습 통치하면서 적화통일 의지를 굳혀왔다. 최근 중·러를 등에 업은 김정은이 더욱 강경해진 모양새다. 주민 통제용 '반동사상 문화배격법(2020), 청년교양 보장법(2021), 평양문화어 보호법(2023)'도 제정했다. 대남 관계도 단절하고 한류 문화의 유입도 차단하고 있다. "유사시 핵으로 남조선을 평정할 준비를 하라"면서, 핵 선제공격도 법제화·헌법화 했다. 그리고는 상황에 따라 우리를 노골적으로 위협하거나 은폐하는 수법을 반복하고 있다.

북한의 핵 위협이 증가하고 있는 이 시기에 미국의 전략무기에만 의존하는 것은 근본 해결책이 아니다. 특단의 자구책을 강구해야 한다. 그럼에도 우리에게는 종북·친북·좌파·주사파 등이나, 극보수·초보수·수구꼴통 등으로 불리는 편향된 집단이 다양하게 존속하고 있다. 정치권에도 발을 들여놓고 마타도어(matador)와 편 가르기식 갈등을 끝없이 조장하고 있다. 광우병 괴담, 사드 괴담, 후쿠시마 괴담 등도 이들의 산물이다. 시간이 지나가면 슬그머니 없어진다. 그러나 사실 왜곡에 대해 책임지는 자도 없고 책임을 묻는 이도 없다. 지금은 미국산과 호주산 쇠고기가 대중의 입맛을 저렴하게 채워주고 있다. 상주 참외는 2023년 매출이 6,000억 원으로 역대 최대치다. 노량진 수산시장도 오히려 매출이 늘고 있다.

2025년 현재 우리는 일본의 압제로부터 독립(1945.8.15)한 지 80년, 대한민국 정부수립(1948.8.15) 77년째다. 조선 21대 영조(재위 52년)와 22대 정조(재위24년)의 재위 기간을 합한 것과 같다. 그러나 정조 이후 조선이 망하는데 걸린 기간을 볼 때, 33년만 지나면 조선 멸망까지 걸린 잔여기간이 된다.

그동안 우리나라는 반공·자유민주주의, 시장 경제 체제의 토대를 마련한 초대 대통령 이승만을 비롯하여 13명의 대통령이 나왔다. 이 가운데 정상적인 절차에 따라 선출된 이는 7명이고 기간은 31년에 지나지 않는다. 3명은 쿠데타 또는 이와 유사한 방법으로 정권을 잡았고, 2명은 과도(過渡) 정권이었다. 또한 2명은 재임 중에 하야(下野)하거나 탄핵을 받았으며, 이번에 윤석열까지도 탄핵으로 파면(25.4.4)되어 3명으로 늘었다. 1명은 망명을 했다가 사망한 후에야 귀국했다. 최근에 수감생활을 한 2명을 포함해서 4명이 구속되어 형벌을 받았다. 1명은 피살됐고 1명은 스스로 숨을 끊었다. 어떤 이는 북한의 침략으로 절멸의 위기로 내몰렸던 대한민국의 국체를 수호했는가 하면, 어떤 이는 단숨에 남북 관계를 해결해 보겠다는 어리석은 생각에 안보를 후 순위로 내놓기도 했었다. 결국 대통령의 70%가 쫓겨나거나 형벌을 받거나 피살되는 등 불상사(不祥事)를 맞았다. 국가적인 불행이 아닐 수 없다.

최근의 두 전직 대통령을 보면, 어쩌다가 왕이 된 25대 철종과 26대 고종이 생각난다. 둘 다 왕으로서 갖춰야 할 바가 빈약했지만, 시대 상황에 의해 그렇게 되었다. 그러다 보니 결국 변변치 못한 왕이 되었다. 우리도 이와 유사한 결말을 마주하는 것은 아닐지 우려된다. 두 사람의 부인들도 만만치 않게 일을 저지르고 있다. 이제는 어느 대통령이 다시 재판대에 올라갈지 걱정할 정도라 하겠다. 미래가 결코 밝지 않다. 향후 10여 년 이상은 정국이 엎치락뒤치락하면서 국민만 고달파질 것이다.

여몽전쟁(1231~1259), 왜란(1592~1598), 호란(1627/1636~1637), 청일전쟁(1894~1895), 러일전쟁(1904~1905), 6.25전쟁(1950~1953)이 모두 우리 땅에서 벌어졌다. 나라는 피폐해졌고 국민의 피해는 극심했다. 국가가 스스로를 지킬 능력이 부족해서 빚어진 결과라 하겠다. 조선이 멸망의 수렁에서 헤매던 110년도 금방 지나갔는데, 우리의 미래는 유구할 것으로 착각해서는 안 된다. 외부로부터의 위협은 점점 커져가고 있는데, 우리의 내부에서부터 부패해서 안보가 '밑 빠진 장독'처럼 부실해질 것을 우려해야 한다.

이러한 모든 위협과 혼란을 극복하려면 노력을 통합해야 한다. 위정자 계층의 수준 낮은 행태를 시급히 벗어나야 한다. 품위가 필요하며 잘잘못을 확실히 분별해야 한다. 양심과 도덕, 협력과 이해, 배려와 양보, 절충과 타협이 필수적이다. 극명한 대립, 편협과 비난, 반대를 위한 꼼수를 멀리해야 한다. 합리적인 대안(代案)이 공유되고 염치(廉恥)가 있어야 한다. 후기 조선의 흡사한 모습으로 되돌아가는 것을 조속히 벗어나야 한다. 그래야만 국가와 국민, 너와 나, 우리 모두는 위기스러운 국면을 면할 수 있을 것이다.

그러하기에 필자는 요즈음이 어느 때보다 각성(覺醒)하고 경계(警戒)해야 할 시기라는 것을 알리고 싶다. 그리고 이 글을 읽는 분들께서 우리의 현실을 공감하고 안보의 옷깃을 여미게 된다면 더할 나위 없겠다. 내부의 분열을 멀리하고 지혜를 모으는 통합된 노력이 내외 위협에 대응하는 가장 큰 무기임도 잊지 말자.

끝으로, 미국 군사력 평가기관 글로벌파이어파워(GFP)가 최근 2024년도 보고서를 공개했다. 우리나라는 145개 평가 대상국 중에서 5위의 군사 강국(強國)이다. 작년의 6위에서 한 단계 상승했다. 국가안보의 보루(堡壘)인 우리 군이 수준 높은 군사력을 갖추고 있음은 분명하다. 그러나 절대적으로 중요한 것이 있다. 군사력을 관리하고 운용하는 국군 통수체계와 군의 리더십이다. 이것은 항상 똑바로 서 있어야 한다. 언제 도발을 자행할지 모르는 적만 경계해서는 안 된다. 항상 가까운 곳에 안보를 해치는 내부의 적이 있었으며, 그것을 예방 차단하지 못하면 스스로 무너진다는 것을 이 면(面)의 말미에 추가한다.

정승집 개 이야기

-

손영종(성림건설 대표이사)

　당나라의 어느 황제가 양쯔강 기슭에서 행차 도중 누각에 올라 강물에 떠 있는 많은 배를 내려다보며 신하에게 이렇게 물었다. "저 많은 배의 수는 어느 정도 되는가?" 신하는 말이 떨어지자 "두 척입니다."라고 대답했다. 황제가 그 의미를 물어보자, 신하는 "하나는 명예를 쫓는 배요, 또 다른 하나는 재물을 쫓는 배입니다."라고 답했다. 많은 배들이 오고 가고 있지만 결국 모두 자신들의 명예나 이익을 위해 움직이고 있다는 뜻이다. 오늘날 도시의 변화가에 넘치는 인파나 자동차의 행렬도 마치 양쯔강 위에 떠 있는 배들을 연상하게 한다.

조선시대 어느 마을에 대감님 댁 막내아들인 '지발'이라는 청년이 있었다. 그 집은 대대로 부자여서 동네 사람들에게 많은 호의를 베풀어 왔으나, 막내아들 지발이 대(代)에 와서는 재산을 완전히 탕진하게 되어 마을 사람들이 아무런 상대도 해주지 않았다. 그후 지발이는 고향을 떠나 타지에 가서 열심히 일해 큰돈을 벌었다. 수십 년이 흘러 백발이 되어 금의환향하는데 이 소문을 들은 친척들과 동네 사람들이 지발이를 반갑게 맞이하려고 마중을 나왔다.

그런데 아무리 기다려도 지발이가 나타나지 않자, 행렬 가운데 한 사람이 "여보시오! 크게 성공한 대감님 아들 지발이는 어디 있습니까?" 라고 물었다. 친척들은 "행렬 맨 뒤에 오고 있습니다."라는 말에 뒤편으로 가보았으나 지발이는 보이질 않았다. 그런데 지발이는 사람들의 마음을 꿰뚫고 일부러 남루한 옷차림을 하고 행렬 맨 앞에 있었다.

또다시 친척들이 "이 동네에서 살았던 지발이가 어디에 있습니까?"라고 물었다. "네! 지발 어른 말씀입니까? 행렬 맨 앞에 가시는 분입니다."라고 대답한다. 친척들은 다시금 행렬 맨 앞으로 가서 그를 찾아 "우리가 마중 나온 것을 알면서도 왜 뒤에 온다고 말했냐?"라고 물었다. 그러자 지발은 "동네 사람들이 만나보고 싶다는 지발은 저 마차 위에 있습니다. 당신들은 내가 가난했을 때 아무도 나를 거들떠보지 않았습니다. 그러던 동네 사람들이 이제 반갑게 맞이해 주는 것은 내가 아니라 내가 가지고 오는 재물이 아니겠습니까? 그 재물은 뒤에 오는 마차에 있습니다. 오늘 나누어 드리겠습니다."

속언에 "부자가 산꼭대기에 집을 짓고 살아도 찾아오는 사람이 문전성시를 이루지만, 가난한 사람은 도시 한복판에 집을 짓고 살아도 찾아오는 이가 없다."라는 말이 있다. 예나 지금이나 변하지 않는 야박하고 삭막한 세상인심을 읽을 수 있는 대목이다. 현직에 있을 때는 사람이 많이 따른다. 정승 집에 개가 죽어도 문전성시를 이루지만 정승이 죽으면 문상객이 없다는 말이 있다.

필자에겐 오랫동안 공직 생활을 한 죽마고우가 있다. 그는 얼마 전 퇴직하여 시골에서 살고 있다. 올 설날에 귤 한 박스로 나의 마음을 전했다. 그 친구로부터 답례 전화가 왔는데 우리는 '정승 집 개 이야기'로 한 시간 이상을 통화했다. 그 친구는 정승도 아니었지만 죽은 정승 체험을 하는 중이라고 했다. 시쳇말로 잘 나갈 때의 동료와 지인들은 해가 갈수록 한두 명씩 소식이 끊어지고 그 자리는 내 주변의 이웃사촌이 대신하고 있다고 한다. 지극히 자연스러운 일이기도 하다. 어쩌면 자연스러운 일을 있는 그대로 받아들이는 친구의 자세가 우선이라고 말해 주었다.

형님의 한마디! 삶을 바꾸다

이승필(육군본부 BCTP 전문교관)

필자는 고등학교를 졸업하고 가정형편과 미진한 학업성적으로 대학 진학을 포기했다. 중학교 시절 악대부원으로서 강원도 대회와 전국대회에 입상하기도 했다. 그런 경력으로 고등학교는 특기생으로 입학하게 되었는데, 일반학생들은 대학입시 위주의 공부를 할 때 필자는 악기연주와 친구들과 노는데 대부분 시간을 보냈다. 그러다 보니 대학 진학은 자연스럽게 엄두를 내지 못했고 대학 진학의 욕심은 있었지만 결국 뜻대로 되지 않았다. 고등학교를 졸업 후, 낮에는 공사장에서 일하고 밤에는 친구들과 호프집, 당구장을 다니며 하루하루 삶에 만족하며 지냈다. 그러나 하루 이틀 시간이 지나면서 인생의 꿈은 점점 희미해져 가고 그저 닥치는 대로 일상을 보냈다.

한두 해가 지나고 진달래와 개나리가 피던 어느 봄날, 포항에서 직장생활을 하시던 큰 형님이 오셨다. 대학 진학을 포기하고 공사장에서 막일만 하고 지내는 동생을 근심에 찬 얼굴로 바라보셨다. 그리고서는 주머니에서 3만 원을 꺼내 주시면서 "네 꿈이 장교가 되는 것인데, 대학에 가면 장교가 되는 길이 있으니 도전해 봐라."라고 하셨다. 아마도 형님이 가진 용돈 전부를 준 것으로 짐작이 된다. 자신의 생활보다 동생을 위해 용돈 전부를 주신 형님께 더 이상 실망시키지 않겠다는 마음으로 입시학원에 등록을 마쳤다. 용기를 내어 학원 원장님께 필자가 처한 상황을 설명하였고, 원장님께서는 흔쾌히 학원 등록금 대신 학원 내·외부 청소하면서 공부할 수 있는 여건을 보장해 주셨다. 일 년 가까이 새벽부터 늦은 밤까지 일하면서 공부하여 당당히 대학에 입학하였다.

입학 후 장교의 길을 갈 수 있는 국방 장학생에 지원하여 합격함과 동시, 학업성적으로 여러 차례의 장학금을 받으며 대학 생활을 하였다. 어렵게 대학에 입학하고 사회의 힘든 생활을 경험해 본 필자는 모든 일에 적극적으로 대처하여 과 대표와 총학생회 임원, 학군장교 후보생 중대장으로 활동하면서 장학금으로 대학 생활 비용을 충당했다. 졸업과 동시에 자랑스러운 육군 기갑 장교로 임관하였다. 야전의 각급 제대 지휘관과 육군본부 등에서 정책업무를 수행하면서 군의 예산, 조직과 편성 등 다양한 분야의 업무를 이해하고 경험했다. 30여 년의 군 복무를 마친 지금 돌이켜보면, 자신이 꿈꾸던 삶을 살 수 있도록 용기를 주신 형님께 감사한 마음이다.

사람은 살면서 누구나 어렵고 힘든 상황에 부딪힐 수 있다. 스스로 닥친 어려움을 극복하기란 쉽지는 않겠지만, 자신이 처한 상황을 직시하고 어떠한 자세로 임할 것인가는 오직 자신만이 판단하고 대처할 수 있다고 생각한다. 형제나 친구, 지인들로부터 격려와 성원은 용기와 큰 힘이 된다는 것을 삶을 통해 깨달았다. 형님의 말 한마디와 눈빛, 그리고 3만 원의 봉투 속에 녹아 있는 따뜻한 마음처럼 필자도 누군가에게 도움이 되는 삶을 살아갈 것을 다짐한다.

소중한 마중물이 되자

-

이안규(국립의료원 의무헬기 기장)

초등학교 시절 수도시설이 없을 때 집집마다 마당에는 커다란 주전자처럼 생긴 녹슨 펌프가 있었다. 필자에겐 이 녹슨 펌프에 얽힌 사연이 있다. 한여름 하굣길에 뛰어가 자기 키만한 펌프 손잡이에 매달려 펌프질을 하다가 친구들과 서로 물을 먼저 마시려고 하다가 그만 펌프 손잡이에 머리를 부딪혀 상처가 생긴 일이다.

어른이 된 지금도 초등학교 동창들의 모임 때면 웃으며 이야기하곤 한다. 이렇게 퍼 올린 물은 예나 지금이나 일상생활에 없어서는 안 되는 소중한 생명수임이 틀림없다. 그러나 이 펌프는 일정시간 동안 사용하지 않으면 고여 있던 물이 빠지고 빈 공간만 남게 되어 그 상태로는 물을 퍼 올릴 수 없게 된다. 그리고 새로 물을 퍼 올리려면 다시 또 한 바가지의 물을 넣고 열심히 펌프질해야만 지하에 있는 물을 끌어 올릴 수가 있다. 이렇게 샘물을 퍼 올리는 데 필요한 최소한의 물을 마중물(The priming water) 이라고 한다.

마중물과 유사한 의미로 "소도 비빌 언덕이 있어야 한다"는 말이 있다. 한 젊은이가 열심히 제빵 기술을 익혀서 빵집을 개업하려면 부모님이 금전을 지원해 주거나 은행의 대출에 의지해야 한다. 부모님이 가게를 얻어줬다면 본인은 소가 되고 부모님은 비빌 언덕이 되어준 셈이다. 그러나 부모가 그 능력이 안 된다면 다른 방법을 찾아 은행 대출을 받아야 하고 그마저도 안되면 비빌 언덕이 없는 것이다.

필자가 어렸을 적에는 대부분 학생들이 걸어서 등·하교를 했다. 여름에는 더위와 싸우고 겨울에는 추위를 이겨내면서 성장했다. 어느새 중년이 지나 노년기에 접어 들어가고 있다. 젊었을 때는 이것저것 계산하지 않고 맨몸으로 희망의 마중물을 찾아 나서야 했었다. 그러나 시간이 지나 지금은 누군가에게 소중한 마중물을 주는 역할을 하고 있다.

히말라야를 오르는 등반가도 첫걸음부터 시작해 고통과 어려움을 견디며 정상에 도달한다.

그곳에서야 비로소 성취감과 함께 산 아래 펼쳐진 아름다운 풍경을 만날 수 있다.

마찬가지로, 강을 거슬러 오르는 연어도 거센 물살과 장애물을 극복하며 산란을 위해 되돌아간다.

그 과정이 힘들지만, 결국 새로운 생명을 잉태하며 생명의 의미를 완성한다.

우리의 삶도 그러하다. 어려움이 있더라도 포기하지 않고 끝까지 견뎌내면.

마침내 더 나은 위치에서 진정한 기쁨과 성취를 맛볼 수 있다.

지금이 인생에서 가장 젊고 소중한 순간이라고 한다. 지금 당장 삶의 마중물을 찾아 용기 있게 도전하길 바란다. 오늘 작은 한 걸음이 훗날 큰 변화를 만들어 줄 것임을 확신한다.

우리의 삶은 어항 속의 물고기이다

-

이준환(한국교통안전공단 드론 실기평가관)

 우리나라가 서울 올림픽 준비를 하던 1988년 3월, 필자는 5만 촉광의 빛이 난다고 이름 붙여진 육군 소위 계급장을 달고 장교로 임관하였다. 31년 군 생활 중 많은 우여곡절이 있었지만, 그중 헌신과 관련된 한 사례를 소개하고자 한다.

 1995년, 대위 계급으로 야전 항공대대 조종사로 복무하던 중 소속 부대에서 헬기 사고가 발생하였다. 5명이 사망하고 1명이 중상에 빠진 대형 사고였다. 사고 소식을 접한 우리 부대원들은 동료 조종사의 사망 소식에 슬퍼할 겨를도 없이 장례식을 준비하게 되었다. 필자는 부대에서 최고 막내로 장례식장에 선발대로 출동하였다. 현장에 도착해 보니 아무것도 준비되지 않은 텅 빈 영안실이 전부였다. 상급부대인 항공단 본부의 통제하에 장례 준비를 해야 하나 여건이 그러하지 못했다. 또 대다수 인원이 장례를 치러본 경험이 없어 현장은 어수선하기만 했다.

3일간 뜬 눈으로 장례를 치르고 복귀를 준비하는데, 부대 헬기 사고로 인한 중상으로 치료받던 승무원 한 명이 추가로 사망했다는 비보가 전해졌다. 부대는 또다시 장례 준비를 해야만 했다. 선후배, 동료들은 이미 3일간 치른 장례 행사로 피로가 쌓인 관계로 누구 하나 나서서 준비하고자 하는 사람이 없었고 소극적이었다. 나 또한 사망한 동료들에 대한 예우와 슬픔으로 3일간 밤을 새운 터라 체력적인 한계를 느꼈다. 그러나 누군가는 해야 하는 일이므로 앞장서 주도적으로 장례식 준비를 했다. 5일 밤을 꼬박 새우고 장례 마지막 날 천주교식 장례의식 협조 차 대기 중이었는데 옆자리 수녀님 어깨에 기대어 나도 모르게 잠이 들었었다.

한참 후 잠에서 깨어보니 수녀님이 "형제님 조금 쉬었다가 일하세요." 하시던 모습이 지금도 생생하다. 장례업무는 항공단 본부의 장교들이 중심이 되어야 하는데, 대대에 근무하는 필자의 주도하에 업무를 처리하는 상황이 되었다. 이처럼 5일 동안 두 번의 장례 행사를 마치고 부대로 복귀를 하였는데, 상급부대인 항공단 본부의 인사장교를 선발하는 계획을 접하게 되었다. 인사장교 보직은 소령 진급에 매우 유리한 보직이라 동료는 물론 선후배 장교들도 매우 선호하는 보직이었다. 필자 역시 마음속으로는 희망했지만 진급 대상자인 쟁쟁한 선배들이 많아 조직 분위기상 선뜻 지원할 수 있는 여건이 되지 못했다. 그런데 인사권자이신 항공단장님께서 여러 희망자를 제치고 지원도 하지 않은 필자를 꼭 집어 인사장교로 발탁해 주셨다. 추후 인사참모를 통해 항공단장님이 발탁한 배경을 전해 듣게 되었는데, 지난 장례식 과정에서 5일간 쉬지 않고 묵묵히 업무를 처리하는 과정을 주변으로부터 들으시고 보직을 결심하셨다고 했다.

직업군인으로서 복무한 사람은 잘 알겠지만, 사관학교 출신 장교들은 소령까지 누락자 없이 대부분 승진이 된다. 하지만 비육사 출신 장교들은 병과에 따라 다소 차이는 있으나 낙타가 바늘구멍 통과하기라는 말이 나올 정도다. 더군다나 장교는 계급 정년제도가 있어 승진을 적기에 하지 못하면, 조기에 전역을 해야 되는 실정이라 대부분의 장교들은 승진과 보직에 매우 민감하기도 하다. 필자는 이 일로 인사장교 임무를 수행하면서 성실히 근무했고, 이를 계기로 다른 핵심 참모 보직도 기회가 닿아 일할 수 있었다. 그 덕에 1차로 소령 진급을 하는 영광을 얻었다.

삶을 살다 보면 내가 왜 이 일을 해야 하는지 고민을 할 때가 있다. 나는 열심히 일했는데 누구 하나 알아주지 않을 때도 있다. 그럼에도 내가 해야 할 일을 묵묵히 한다면 누군가는 나를 지켜보고, 평가하고 있음도 깨달아야 한다. 이처럼 내가 하는 모든 행동은 어항 속 물고기임을 명심해야 한다. 주어진 환경에서 하루하루를 열심히 살아가기를 바란다. 당장은 성과가 없더라도 당신의 인생이 긍정적으로 흘러갈 것을 확신한다. 행동으로 실천하는 당신에게 응원을 보낸다.

Check! Recheck! Double Check!

최점현(태권도인, 9단)

　항공기 조종실 내에서 비행 관련 스위치를 조작할 때는 조종사 한 명이 임의로 조작할 수 없다. 한 사람이 어떤 스위치를 조작하고자 할 때는 미리 조작할 스위치에 손을 대고 "OO 스위치 ON!"이라고 외치면서 본인이 의도하고 있는 바를 옆에 있는 조종사에게 알리면, 옆 조종사가 "OK! OO 스위치 ON!"이라고 재확인한다. 이후에야 해당 스위치를 조작한다. 아주 사소한 행동 하나라도 조종사의 실수는 대형 사고와 직결됨으로써 사고를 미리 막기 위한 안전대책의 일환으로 조종사 상호간 이중 점검을 생활화하도록 규정화하고 있다. 그럼에도 항공기 사고는 인적과실에 의한 원인이 대부분인 것으로 조사된다. 초급장교 시절 필자와 함께 근무했던 임관 동기생과 선배 전우가 비행 중 연료 고갈 및 비행 중 연료 스위치를 잘못 조작하여 순직하는 일도 있었다.

산성 tower! Python 460 Ready for take off!

1993년 가을 어느 날, UH-1H 헬기부대의 관제탑에 460호기 이륙을 보고한다. 필자와 비행 임무를 함께 할 S대위님은 소령으로 진급 예정인 선임 조종사이며, 나에게는 6년의 대선배이다. 필자의 임무는 부조종사로서 정조종사를 보좌하며, 이착륙을 제외한 난이도가 비교적 쉬운 수평비행과 정해진 지점을 통과 시 관제기관으로 무선통신 등을 담당하는 것이다. 항공기 내에서 부조종사는 정조종사에게 어떤 사안에 대하여 건의는 할 수 있지만, 모든 판단 권한과 책임은 정조종사에 있다.

헬기에 작전 인원을 탑승시키고 서울기지를 떠나 목적지인 경남 창녕을 향했다. 지상 안개로 인해 출발과 동시에 고도를 5천 피트로 높였다. 출발 시 연료를 가득 채운 UH-1H 헬기는 최대 2시간 20분을 비행할 수 있다. 이 중 20분간의 연료는 비상시나 안전을 위해 항상 확보해야만 하는 예비 연료량이다. 최초 계획대로라면 서울서 이륙한 항공기는 육군 항공기지가 있는 조치원이나 청주의 공군기지에서 연료 재보급을 한 후, 목적지까지 비행하는 것이었는데,

서울을 떠나 수원, 오산, 조치원 상공에 이르자, 지상 안개로 인하여 군데군데 산 정상들만 보일 뿐 온통 하얀 구름으로 덮여 있었다. 연료 재보급이 가능한 조치원과 청주 일대도 안개로 인하여 착륙할 수가 없었다.

목적지인 창녕까지는 연료 재보급 없이 비행거리가 도달되지 않아, 대구(K-2)기지에서 연료를 보충하기로 계획을 수정했다. 설상가상으로 추풍령의 기상마저 우리가 계획한 항로를 가로막고 있었다. 상주 방향으로 우회하여 구미 상공에 이르렀다. 안개가 어느 정도 걷히고 멀리 낙동강 줄기가 시야에 들어올 즈음, 항공기에서 "삑, 삑" 경고음과 경고등이 동시에 점등되었다. 비행 중에 경고음이 들리는 자체가 이미 비행 규정을 위반한 상태다. 경고음과 경고등의 점등은 앞으로 20분의 시간이 지나면 항공기의 예비 연료마저 고갈된다는 의미다.

침착하던 정조종사 S대위님도 당황한 기색이 역력했다. 필자는 조종간을 정조종사에게 넘기고 오산의 MCRC와 OO 지역의 육군 관제소에 우리의 상황을 보고했다. 우리가 규정을 위반한 사항을 감추고 싶었지만, 어쩌면 생의 마지막이 될 수도 있는 급한 상황에서 이후를 걱정할 이유는 없었다. S대위는 낮은 목소리이지만 아주

간결한 어조로 필자에게 한 가지 사항을 당부했다. 곧 닥쳐올 위급 순간에 대한 절박한 요구사항인 듯했다. 만약 공중에서 엔진이 꺼지면 항공기 속도 100낫트를 유지하고, 큰 소리로 현재 비행속도를 외쳐 달라는 것이었다. 항공기가 공중에서 엔진이 정지되면 정해진 속도 이상을 반드시 유지해야만 자동 활공이 가능하고, 그래야만 지면에 긴급 착륙(쿠션 착지)을 할 수 있는 최소한의 조건이 되기 때문이었다.

비행 중 공중에서 갑자기 엔진이 정지되었을 시, 충분히 훈련되지 못한 조종사의 경우 비행착각이나 공황이 발생하여 적절한 조치를 못 하는 때도 있다. 훗날, 필자가 2천 시간 이상을 비행하고 교관조종사 자격훈련을 받으면서 가장 어려웠던 과목이 자동 활공 착륙이었다. 이는 지상의 착륙 여건이나 기상 상태, 항공기 자체 중량, 조종사의 건강 상태 등 모든 상황을 고려한 조종사의 과감하고 정확한 조치가 있을 때만이 가능한 일이라는 것을 알았다.

절체절명의 순간이 다가오고 있음을 온몸으로 느끼며, 고도 3천 피트, 속도 120노트로 낙동강 변을 따라 비행했다. 5분의 시간이 남았다. 발아래 펼쳐졌던 낙동강 변의 개활지 상공을 지나 항공기는 대구 시내의 고층 건물 상공을 비행하고 있었다. 이제는 불시착할 장소도 없는 상태다. 중간 기착지인 대구기지와 교신을 한 후 긴급 착륙을 요구했다. 일반 여객기와 군 전투기들도 우리에게 항로 우선권을 양보한 상태이고, 관제탑에서는 주 활주로까지 개방해 주었다. 관제탑과의 교신도 절차대로라면 영어로 표준화된 항공관제 용어를 사용해야 하지만, 이날은 글로 표현할 수 없는 사투리의 외침이었다. 멀리 활주로가 보였다. 착륙 도중 엔진이 꺼질 것에 대비하여 빠른 속도를 유지한 채 미끄러지듯 착륙하는 방법인 Running landing 실시했다. 평행유도로(Parallel Taxiway)에 진입하는 순간 항공기의 시동이 꺼졌다. 우리는 그나마 저고도에서 자동 활공 착륙을 수행했다. 온몸에서 흐르는 땀으로 비행복은 푹 젖어 있었다.

해프닝으로 끝난 30여 년 전의 일이지만, 돌이켜보면 총체적 안전불감증에다 애초부터 하지 말아야 했을 무리한 비행을 했다. 항로 상의 기상 파악을 제대로 하지 않고, 출발지 기상으로만 비행 가능 여부를 판단한 조종사의 결정적 실수였다. 현재의 항공 안전 문화로 보면 정말 있을 수 없는 일이다. "가장 오래 사는 조종사가 가장 유능한 조종사다."라는 말은 육군 항공 선배 조종사들로부터 구전되어 오는 말이다. 행운이 함께하여 필자는 조종간을 놓을 때까지 무사했고, 지금도 살아 있어 이 글을 쓰고 있다. 30여 년간의 복무 기간에 사고로 순직한 20여 명의 동료나 선후배 전우들을 생각하면 한없이 부끄럽다.

위의 사례처럼 비행 임무에도 수십 항목의 점검 사항이 있는데, 그중 한 가지라도 누락하거나 잘못 작동하였을 시 항공기 사고와 직결된다. 그러면 우리의 삶에는 필수 점검 사항이 없을까? 가정에서나 직장에서나 어느 하나 중요하지 않은 일들이 없지만, 그중에서도 건강, 안전과 연관된 분야에 있어서는 각별한 관심을 가지고 확인하고 점검해야 한다.

우리 주변을 보자. 사회적으로는 성공을 했다 하더라도, 건강 문제와 안전사고로 한순간에 모든 것을 잃어버리거나, 일확천금을 노리고 분수에 맞지 않는 보증이나 주식에 투자하여 가정이 풍비박산 나는 일들도 종종 본다. 매사에 Check, Recheck, Double Check 하는 습관이 중요하다. 돌다리도 두들겨 보라는 속담이 주는 교훈을 다시 한번 되새겨 봐야 한다.

거짓말! 절대 악(惡)인가?

최점현(태권도인, 9단)

　어떤 시대, 어떤 사회에서는 진리로 통용되는 말들이 다른 시대, 다른 사회에서는 그 반대로 평가되는 예가 있다. 또 같은 말이라도 그것이 가리키는 의미가 달라질 수도 있다. 한 예로 충성(忠誠)이라는 말은 유교적 전통을 이어받은 우리나라 문화에서는 너무나도 자연스럽고 선(善)으로 평가되지만, 상황에 따라서는 달라질 수도 있다. 위정자나 작게는 소모임의 책임자라 할지라도 특정 단체나 사사로운 개인의 이익만을 위해 정책을 펼치거나 권력을 사용할 경우, 그 주변 사람들의 무조건적인 충성은 오히려 악(惡)의 편을 위한 충성이 되고 만다.

우리가 '거짓말은 절대로 하지 말라'는 것은 영원불멸의 진리로 알고 있다. 1970년대 초반 필자가 초등학교에 입학할 즈음, 절대로 해서는 안 될 거짓말이 필요했던 때가 있었다. 필자가 태어난 곳은 6·25전쟁 당시 가장 치열했던 전투로 꼽히는 다부동 전투와 2차 세계대전 이후 시행된 최대의 융단폭격으로 유명한 경북 칠곡의 작은 시골 마을이다. 당시에는 하루에 한두 대 정도의 버스가 운행되고, 마을을 통과하는 큰 도로마저 비포장이어서, 여름날 비가 많이 오면 개울이 넘쳐 도로와 구분이 안 될 정도였다. 폭우가 그치면 동네 어른들이 모여 도로를 복구하는 일은 일상이었다. 지금과 같은 대형 할인점은커녕 작은 상점마저 한 시간은 걸어가야 할 정도였다. 여건이 이러하다 보니 농사일이 주업인 어른들은 쌀과 누룩으로 집에서 직접 동동주를 빚어 먹었다. 겨울철 땔감으로 요즘은 기름이나 가스보일러를 사용하지만, 당시는 깔비(솔잎이나 기타 나뭇잎을 갈고리로 끌어모은 땔감)와 등거리(장작의 경상도 방언)를 산에서 채취해 앞마당에 집채만 한 크기의 나무 삐가리(경상도 방언으로 나무, 풀, 짚 따위의 쌓은 더미)를 쌓아둬야 겨울을 날 채비가 끝나던 시절이다.

어느 따스한 봄날 사랑채 양지바른 곳에서 필자가 혼자서 놀고 있는데, 팔뚝에는 완장을 두르고 파란색 모자를 쓴 중년의 아저씨 서너 명이 갑자기 들이닥쳤다. 그중 한 명이 다짜고짜 너희 집에 아버지가 먹는 동동주 단지가 어디 있냐고 물었다. 나는 어머니가 늘 나무 낟가리 속에서 동동주를 떠 오는 것을 봤기에 나무 낟가리 속에 있다고 말했다. 지금 생각해 보니 그들은 면사무소 직원들로 상부의 지시에 따라 마을마다 다니면서 밀주 단속 점검을 했던 것으로 판단된다. 얼마간의 시간이 지나 부모님이 집에 오셨을 때, 단속 요원들이 집에 와 있고 어머니가 몰래 숨겨둔 동동주 단지가 마당 한가운데 떡하니 있는 것을 본 부모님은 할 말을 잃었다. 그들은 죄수를 신문하듯 다그쳐 묻기 시작했고 부모님께서는 연신 "앞으로 절대 안 그러겠다."라는 말만 되풀이했다. 훗날 알게 된 일이지만 아버지께서 방앗간에서 쌀을 구해 그들에게 뇌물(?)을 건네고 일단락되었다고 한다.

그날 이후 필자의 집 동동주 단지는 집앞 논 가운데 있는 볏짚 더미 속으로 위치가 바뀌었다. 어머니께서는 "얼굴도 모르는 사람이 물어보면 모른다고 해야지.", "상황에 따라서는 거짓말도 할 줄 알아야지."라며 혼잣말로 중얼거렸다. 지금 돌이켜 보면 당시의 밀주 단속은 일제가 1916년 식민 통치의 재원을 마련하기 위한 「주세령」에 근거하여 가정에서 만든 술은 밀주라고 규정하고 단속을 해 왔었는데, 해방 이후에도 그대로 적용되다가 쌀 생산량이 증대되고, 문민정부가 들어서면서 1995년 관련 법이 개정되었다고 한다. 필자가 사실을 말함으로써 부모님을 난처하게 했던 일은 이제 옛 기억이 되었다.

세상을 살아가면서 선의의 거짓말이 필요할 때가 있다는 것은 시대를 막론하고 마찬가지일 것이다. 필자 역시 30여 년의 군 생활 중 나름대로는 정직하게 말하고, 솔직히 보고함으로써 그것이 오히려 남에게 선의의 피해를 보게 한 경험도 있다. 그때마다 "때로는 거짓말도 할 줄 알아야지."라는 어머니의 말씀이 떠올랐다. 아무리 동기가 순수하더라도 그것이 조직과 타인에게 손해를 끼치거나 상처를 주는 것이라면 다시 한 번 생각해 볼 필요는 있다. 말과 행동이 지혜로워야 한다는 것이 50여 년 전 어머니께서 혼자 말로 중얼거렸던 그 말의 진정한 의미가 아닌가 생각해 본다.

Stories of
ordinary
people's
lives

제3부 사랑·존중

나의 인생을 독창성 있게 살아가라

김민호(우석대학교 교수)

1994년 발매된 어느 유명가수의 「내 인생은 나의 것」이라는 노래가 유행한 적이 있다. 노래 가사에서는 나의 인생이 부모님의 설계에 의해 움직이는 것에 대한 독창성의 상실을 인식하고 이제부터는 나의 인생의 기차를 내가 운전해 나가고 모든 것은 내가 책임지겠다는 자기주장을 강하게 내포하고 독립을 원하면서도 부모에게 걱정하지 말라는 주문을 하고 있다.

노래 가사의 주요 내용이다.

"내 인생은 나의 것, 내 인생은 나의 것,
사랑하는 부모님 부모님은 나에게 너무도 많은 것을 원하셨어요.

때로는 감당하기 어려웠지만 따라야 했었지요.

가지 말라는 곳에는 가지 않았고,

하지 말라는 일은 삼가했기에

언제나 나는 얌전하다고 칭찬받는 아이였지요.

그것이 기쁘셨나요.

화초처럼 기르시면서

부모님의 뜻대로 된다고 생각하셨나요.

그래 나 이젠 말하겠어요.

부모님은 사랑은 다 주셨지만 나는 아직도 아쉬워하는데

이렇게 그늘진 나의 마음을 그냥 버려두지 마세요.

내 인생은 나의 것, 내 인생은 나의 것.

그냥 나에게 맡겨 주세요.

내 인생은 나의 것, 내 인생은 나의 것,

나는 모든 것 책임질 수 있어요…."

MZ세대들은 기성세대가 "나 때는 말이야(라떼)"를 이야기하면 '꼰대'로 규정지으며 간섭하지 말고 MZ세대의 특성을 이해하라고 한다. 그러면서 노래 가사처럼 내 인생은 나의 것을 주장하지만, 정작 내 인생에 맞는 나만의 독창성은 부족하고 유행이라는 블랙홀에 빠져 너도나도 유사한 스타일을 고집한다. 나에게 맞는 나의 선택이 아니라 유행에 편승하여 나의 독창성이 상실된 채 살아가고 있다.

'개인심리학(individual psychology)'의 창시자인 알프레드 아들러 (Alfred Adler) 각 개인이 자기 나름의 라이프 스타일을 근거로 목표를 달성하고자 하는 '창조적인 자기'를 소유하는 독창성을 강조하였다. 하지만 우리는 서로 다른 육체와 정신에 명품이라는 화려한 단어에 취해서 고가의 의류, 가방, 신발, 시계, 반지 등을 장식하여 자기를 일반화시켜 나만의 독창성을 표현하는 '창조적인 자기'를 스스로 거부하고 있다. MZ세대의 결혼 풍습도 당사자인 신랑·신부가 주도적으로 결정하는 자신들만의 웨딩 행사가 아닌 웨딩플래너가 제시한 틀에 박힌 스케줄에 따라 진행함에 따라 자신들만의 의미가 담긴 행사가 아닌 누구에게나 똑같은 무의미한 행사를 진행한다. 불행한 것은 웨딩플래너의 스케줄이 새출발하는 신랑·신부의 행복을 위한 것이 아닌 경제적 이익 창출에 맞춰져 있고 행복해야 할 결혼식이 이익 창출의 수단으로 전락하고 있다. 나만의 새출발을 위한 독창적인 의미 있는 결혼식을 치러야 하고 그래야만 결혼생활이 행복할 수 있다.

이제는 타인의 입맛과 감성을 따라 맛집투어, 카페투어, 라이프스타일을 추구하기 보다는, 나를 위한 나만의 특화된 자기 철학을 가져야 한다. 그래야만 그 옛날의 노래 가사처럼 "내 인생은 나의 것"이라고 말할 수 있고, 진정으로 나만의 독창성이 있는 인생의 길을 걸을 수 있어 진정한 행복의 기쁨을 만끽할 수 있다.

명품(名品)으로 포장하지 말고 명품을 만들어라

김민호(우석대학교 교수)

 2024년 7월 25일 영국 일간 파이낸셜타임스는 한국 부모들의 자기과시형 소비 성향에 대해 언급하였다. 파이낸셜타임스는 "서울에서 백화점이 문을 열었을 때 새로운 품목을 가장 먼저 사기 위해 사람들이 줄을 서거나 밤을 새는 것을 보는 것은 드문 일이 아니다."라고 설명했다. 특히 예를 들어 설명하면서 젊은 엄마가 A씨는 "4세 딸을 위해 보석명품 브랜드에서 78만 원짜리 은목걸이를 사고, 18개월 된 딸을 위해 38만 원짜리 명품 신발을 샀다"고 말했다.
 요즘 적지 않는 여성들은 몇백만 원 하는 명품이라는 가방을 들고 다니고 있으며, 명품 브랜드를 파는 백화점의 명품 숍에 입장하기 위해서는 몇 시간씩 기다려야 하는 웃지 못할 일이 생겼다. 흔히 들 유명 브랜드의 제품인 가방, 신발, 시계 등을 명품이라고 부르면서 환호하고 있다. 명품이라면 적어도 장인의 정신이 깃들어 있어야 하며 소지한 사람은 여기에 스토리를 더하여 그 소장의 가치를 더해야만 명품이라고 할 수 있다. 하지만 요즘에는 그냥 돈을 모아서 너도나도 같은 브랜드의 값비싼 제품을 선호하고 무작정 소유하기만을 갈망한다. 하지만 설사 이것이 명품이라 하더라도 소유자가 명품 인성을 지닌 명품이 되어야 그가 휴대하는 명품도 명품으로서의 가치를 지니게 된다.

아이들이 바라고 부모가 아이들을 위해 고민해야 할 것은 어떤 명품을 사줄 것인가에 대한 잘못된 소비 성향보다는 부모의 명품 생각, 명품 지혜를 자녀들에게 선물해야 한다. 우리는 명품으로 치장한 바르지 않은 인성보다는 명품 인성과 지혜로 그 무엇과도 비교할 수 없는 나만의 명품 인생을 살아가야 한다. 명품이 나를 왜곡하여 타인에게 명품 인생처럼 보일 수 있으나, 본인의 내면을 명품화하지 못하면 스스로가 명품으로 위장한 가품(仮品, Imitation)이 될 수밖에 없다. 나와 자녀를 위한 최고의 명품은 올바른 사고와 판단을 할 수 있는 인성, 자기를 내면화하고 표출하는 인품이야말로 우리가 가져야 할 진정한 명품인 것이다. 명품을 빛나게 하는 것은 권력이나 재력이 아닌 사람의 내면에서 뿜어져 나오는 올바른 향기임을 잊어서는 안 된다. 그 향기가 더욱 좋고 오래 지속되도록 나를 명품으로 만드는 노력을 끊임없이 해야 한다. 나를 명품으로 만드는 진정한 장인(匠人)이 되어야 한다.

황금 주머니를 단 천사

김향자(영남대학교 병원 전문간호사)

필자가 하는 일은 상처장루 전문간호사이다. 병원에서 주로 장루 환자들을 교육하고 관리하는 일을 하고 있다. '장루'란 대장암 등의 치료 이후 정상적인 배변이 어려운 환자의 복부에 구멍을 내고 장의 일부를 고정시켜 만든 '인공항문'을 말한다. 이 일을 시작한 지는 20년 정도 되었다. 그동안 많은 환자들과 보호자들을 교육하고 그들이 삶에 잘 적응해 가도록 도와주는 일을 하고 있다. 장루를 가지고 살아가는 사람들은 불편함이 이만저만이 아니다. 그중에서도 제일 먼저 생각나는 사람이 있다. 그녀의 이름은 '황금주머니를 단 천사'이다.

그녀를 처음 만난 곳은 중환자실이다. 복막염으로 응급수술을 하고 수술 부위를 보호하기 위해 인공항문을 임시로 만들었다. 수술 후 상태가 괜찮아서 인공호흡기를 달지도 않고 의식 또한 또렷했다. 그녀는 나와 눈이 마주치자마자 해맑은 미소로 반겨주었다.

"안녕하세요? 중환자실에서 웃는 사람은 처음 보네요. 진짜 대단해요. ○○님! 저는 장루 전문간호사입니다. 앞으로 자주 볼 거예요. 우리 친하게 지내요."

20대 중반의 나이라고는 믿기지 않을 정도로 앳된 소녀의 모습이었다. 이렇게 우리의 인연은 시작되었다. 난생 처음으로 경험하는 장루가 부담스럽고 받아들이기 힘들었을 텐데 아무 불평 없이 잘 견뎌주었다. 힘든 수술도 견디고, 항암치료도 잘 받았지만 병세가 깊어져 더 이상 치료를 할 수 없게 되었다. 시간이 지날수록 몸은 점점 야위고 힘겨워했지만 처음 만났을 때의 그 미소만은 늘 그대로였다.

그러던 어느 날, 그녀가 아주 심각한 표정으로 말했다.

"선생님, 호스피스가 뭐예요? 저 호스피스 상담 받으면 어떨까요?"

내가 알고 있는 모든 지식을 동원하여 호스피스에 대해서 알려주고 그 과정들을 자세히 설명해 주었다. 진지하게 듣고 나더니 호스피스 치료를 받고 싶다고 했다. 그녀의 확고한 결정 앞에서 나와 그녀의 어머니는 그만 울음을 터트리고 말았다. 20대 젊은 여성이 이처럼 쉽게 말할 수 이야기는 아니었기에 조금은 당황스러웠다. 그 후 그녀는 호스피스 병동에 입원해서 호스피스 관리를 받기 시작했다. 호스피스 전문가들과 상담하고, 통증관리도 받으면서 하루하루를 잘 버텨나갔다. 필자 역시 그녀를 매일 방문하여 장루관리도 하고 세상 이야기도 나누면서 그녀와 함께하는 시간을 많이 가졌다.

어느 날, 마지막으로 본인이 살던 집에 잠시 가 보고 싶다고 해서 퇴원하였는데 며칠간 소식이 없었다. 상황이 몹시 궁금하였지만 혹시 나쁜 일이 생겼을까 하는 마음에 전화를 못했다. 며칠이 지나 걱정이 되어 전화를 하였더니 힘들지만 잘 견디고 있다고 했다. 이런저런 안부를 물어보고 언제든지 도움이 필요하면 연락하라는 말을 건넸다.

며칠 후 의식을 잃고 입원했다는 연락을 받고 병실로 달려갔다. 눈을 감고 있는 그녀를 보며 이제 정말 마지막이구나 싶어 "OO야 선생님 왔어. 선생님 목소리 들리니?"라고 말하자 기적처럼 눈을 떴다. 저도 놀라고 지켜보던 그녀의 어머니도 깜짝 놀랐다. 며칠째 의식이 없었는데 제 목소리를 듣고 정신이 들었다고 한다. 얼마나 눈물이 나는지 껴안고 한참을 울었다.

그녀는 호스피스 병동에 입원해서 장루 관리와 통증을 조절하면서 보고싶은 가족들, 친구들, 친척들과 이별할 준비를 시작했다. 출근을 하는 날이면 필자는 그녀를 가장 먼저 찾아 갔다. 어느새 나는 수다쟁이가 되어 있었다. 그냥 나의 일상을 들려주기 시작했다. 출근해서 일어난 작은 일들, 애들 이야기, 친구 이야기, 아침 뉴스 등 나와 관련된 모든 일상적인 생활 이야기를 들려주었다. 그녀의 마지막 생일 파티가 되었던 그날엔 예쁜 고깔모자를 쓰고 생일 케이크를 받으며 가족들과 함께 즐거운 시간을 보냈다. 필자는 그녀의 차가운 발을 따뜻하게 해 줄 분홍색 수면양말을 선물했다. 아쉽게도 발이 너무 부어 있어서 한 번도 신지 못했다고 했다. 며칠이 지나 27세의 꽃다운 나이에 사랑하는 가족들 품에서 편안한 죽음을 맞이했다. 지금도 분홍색 양말을 보면 그 천사가 생각난다. 그녀가 떠난 지 7년이 지났지만 그녀의 해맑은 미소는 잊을 수가 없다.

지금 이 시간에도 아무런 준비 없이 고통스럽게 죽음을 맞이하는 제2의 황금주머니를 단 천사를 마주하고 있다. 우리가 그들에게 해 줄 수 있는 것은 크고 거창한 일이 아니다. 힘들 때 손을 잡아주고 외로울 때 이야기를 들어주는 것만으로도 큰 힘이 된다. 그들의 아픔을 함께하고 당신이 필요로 할 때 옆에 있어 줄 수 있다는 믿음을 갖게 하는 것도 큰 위로가 됨을 깨달았다. 그녀를 위해 기도한다.

군 복무를 마치는 박군(朴君)에게 전하는 말

박연수(애널리스트)

 믿음직스러운 박군, 어느덧 당신이 군 복무를 마치고 전역(轉役)을 하게 되는군요. 훈련소에 들어가던 날이 엊그제 같았는데 벌써 시간이 이렇게 지나갔네요. 그동안 군에서 충실하게 제 역할을 수행하느라 수고가 많았고, 이젠 어엿한 성인(成人)이 된 것 같아서 기쁩니다.

 내가 기억하는 당신은 품성이 온화하며 남의 말에 귀를 기울일 줄 압니다. 경솔하지 않고 성격도 쾌활했습니다. 이것은 당신의 큰 장점이라고 봅니다. 이젠 일상(日常)을 자율(自律)할 수 있는 사회로 돌아 왔으니, 본격적으로 자신의 능력을 계발(啓發)하면서 즐겁고 활기찬 인생을 펼치기 위해 매진(邁進)할 때가 되었군요. 그리하여 무릇 세상에 큰 도움이 되는 일을 하길 바랍니다. 언젠가는 박군에게 해주고 싶었던 말이 있었는데, 이제 이 면(面)을 빌려서 전하고자 합니다.

먼저, 당신이 복귀하게 될 학교생활과 미래를 위한 준비에 관한 것입니다. 군에 입대하기 위해 휴학했던 학과를 계속하게 되겠지만, 군 복무를 마친 복학생이 된 것이네요. 짧지 않은 군 생활에서 남다른 깨달음도 있었을 것이고, 생각하는 바도 깊어졌을 겁니다. 이는 조언을 구하는 후배에게 무엇인가 알려주고 일깨움을 줄 수 있는 위치가 되었다는 것을 의미합니다. 또한 앞으로의 학교생활이 직장생활로 접어들기 이전까지 확실하게 보장된 기회의 시간이기도 하고요. 따라서 남은 대학생활에서 최소한 세 가지는 꼭 하기를 권합니다.

<u>첫째, 대학생활을 통해서만 할 수 있는 일들을 꼭 챙겨서 하기.</u>
<u>둘째, 사회에서 추구하려는 것의 기본을 착실하게 준비하기.</u>
<u>셋째, 오래도록 함께할 친구와 선후배들을 적극적으로 사귀기.</u>

이상의 것을 위해 균형된 시간과 노력을 투자하는 게 좋습니다.

어느 것 한 가지도 소홀히 해서는 안 되겠지만, 어느 것에만 치중하면 상대적 결핍(缺乏)이 아쉬움으로 남을 겁니다. 때로는 이 가운데 어느 것엔가 우선할 수밖에 없는 상황도 있을 겁니다. 무엇을 선택하든지 균형을 잃지 않기 바랍니다. 박군은 늘 꼼꼼하게 계획을 세우고 충실히 지키려고 노력한다는 것을 알고 있습니다. 자신의 생활 계획을 다듬어 보면서, 당장 시작할 일과 시간을 갖고 추진할 것도 정리해 보기 바랍니다.

다음은 학교에서의 전공과목 학습과 직업을 선택하기 위한 준비에 관한 것입니다. 한국직업사전(2019)에 의하면 우리나라에 등록된 직업은 총 16,891개라고 합니다. 그럼에도 불구하고 15세 이상의 인구 중에서 일할 의사가 없거나 능력이 없는 환자 등을 제외한 민간인 중에서 청년실업률은 9.4%이며, 매년 실업자가 늘어난다고 하네요. 대졸 취업자의 경우 전공과는 관련이 없는 직종에 종사하는 사람은 65.7%, 즉 1/3만이 전공과 관련 있는 직업에 종사하고 있다니 놀랍기도 합니다. 전공을 살려서 적성에 맞는 직업을 선택한 경우도 있겠지만, 전공에 자신을 맞추어 취업하는 경우도 많다고 합니다.

여하튼 전공과 무관한 직종(職種)을 선택해야 할 경우가 더 많다는 것이지만, 어떤 직업을 갖든지 간에 신중하기 바랍니다. 자신의 적성, 장래성과 사회적 가치 등도 충분히 판단해 봐야겠지요. 그러나 무엇보다도 "하려는 직종의 본질적인 가치는 무엇이며, 왜 그것을 선택하고자 하는지, 본인이 추구하는 궁극적인 삶의 갈증을 해소시키고 만족할 수는 있는가?" 등을 반문해 보는 것도 좋다고 생각합니다.

직업에는 귀천(貴賤)이 없다고 합니다. 그러나 본인이 투자한 노력의 양과 질이 선택할 직업을 좌우하게 된다는 것은 두말할 나위가 없습니다. 직업 선택의 주도권(主導權)을 본인이 갖고 있어야 합니다. 그래야만 선택한 직업에 대해서 책임감을 갖게 되고 남의 탓도 하지 않겠지요. 아울러 직업이라는 것이 단지 생계를 위해 돈을 버는 수단으로만 존재하지는 않는다는 것도 잊지 마시고요.

직업은 생활의 의욕을 촉진시켜주고 가치와 만족을 제공하며, 열정을 쏟게 합니다. 뚜렷한 직업관이 필요한 이유랍니다. 하지만 직종을 자주 바꾸는 것은 생활을 불안정하게 만든다는 것을 간과하지 마세요. 첫 직장을 잘못 선택할 경우 본의가 아니게 꽤 오랜 시간을 새로운 직장을 찾아서 전전긍긍(戰戰兢兢)하는 경우가 많습니다. 따라서 첫 직장을 선택할 때 특별히 신중하기 바랍니다. 부득이 경험을 쌓을 목적으로 임시직을 찾더라도 말입니다. 그리고 높은 급여보다 더 중요한 것은, '좋은 사람들과 일을 하는가? 적성에 맞는 일을 하는가?'라는 것도 잊지 마시고요.

이번에는 이성(異性)과의 교제에 관한 것입니다. 호감(好感)이 가는 성품의 이성을 사귀어 낭만에 빠져보는 것도 학창 생활의 묘미(妙味)라 하겠습니다. 기회가 된다면 다양한 이성을 교제해 보는 것이 좋습니다. 이성교제는 서로에게 새로운 느낌과 자각(自覺)을 주는 기회이며, 상대를 배려하는 언행도 배울 수 있답니다. 가끔은 이성에게 빠져서 사리(事理)를 분별하기 곤란할 경우도 있을 겁니다. 그러나 현재의 상황이 운명적인 것이 아닌 경우가 많습니다. 너무 흠뻑 빠지면 항시 그런 것으로 착각하는 경우가 많으며, 시간이 갈수록 후회를 가져다 주기도 합니다.

그러하기에 아래와 같은 질문을 자신과 상대방에게 해 보기를 권합니다. 뜨거워진 가슴을 식히고 이성적으로 답을 구해 보는 것이지요. 한꺼번에 다 하라는 것이 아니고 한두 가지씩 대화를 통해서 말입니다.

가. 어떤 이유로 서로의 교제가 시작되었으며, 지속(持續)하도록 하고 있는가?

나. 서로를 얼마나 알고 있으며, 서로에 대해서 어떻게 생각하고 있는가?

다. 서로의 생각이나 감정이 얼마나 오래 갈 것으로 생각하는가?

라. 서로가 얼마나 배려하고 이해하며 도움이 된다고 생각하는가?

마. 서로의 삶에 있어서는 얼마나 서로가 중요하다고 보는가?

바. 서로가 추구하는 가치관, 도덕적 관념의 같은 것과 다른 것은 무엇인가?

사. 서로는 얼마나 솔직하게 대화하고 있으며 어떤 면이 지혜롭다고 생각하는가?

아. 너무 같거나 틀린 것은 무엇이며, 이해할 수 있는 것과 그럴 수 없는 것은 무엇인가?

자. 난처한 상황에 처했을 경우 서로의 태도나 의견은 어떠했는가?

차. 서로가 감추고 있다고 생각하는 것은 무엇이며, 왜 그런 것이라고 보는가?

카. 언젠가는 서로의 장래를 위해 교제를 끝내야 할 것인가, 아니면 계속할 것인가?

파. 서로의 교제를 마치고자 한다면 어떻게 할 것인가?

하. 서로가 원하는 것을 위해 무엇인가 포기해야 한다면 얼마나 할 수 있는가?

여기에서 '서로'라는 대상을, '나는 그에게, 그는 나에 대해서'로 바꾸어서 질문하고 답을 만들어 보는 것이 좋겠군요. 교제라고 하는 것은 두 사람 간의 중간이며, 서로 주고받는 것이기 때문에 일방적이라면 바람직하지 않을 것입니다. 일방적인 것은 공유하는 부분이 적어지는 것이고, 상처와 희생이 뒤따를 수 있습니다. 짝사랑도 일방적인 것이지만, 그가 어찌하든지 나는 무조건 이렇게 하겠다는 것도 마찬가지지요. 그래서 교제는 배려(配慮: 여러모로 마음을 써서 보살피고 도와주다)가 기본입니다. 서로가 그러해야 한다는 것이고요.

가끔은 친구들에게도 물어보거나 그들과 함께하는 기회를 만들어서 상대를 보여주고, 그들의 충고를 들어보는 것도 괜찮을 겁니다. 내가 이성과의 교제를 강조하는 것은, 언젠가는 그것을 통해서 평생을 함께할 배우자(配偶者)를 만나게 되기 때문입니다. 그리고 배우자를 선택하는 것은 박군의 인생에서 가장 중요한 결정이기 때문이고, 서로의 인생을 끝까지 좌우하는 가장 큰일입니다. 이혼이나 졸혼을 경험하고 싶지 않다면 시작부터 유념해야겠지요.

다음은 당신이 추구(追求)하려는 것과 이에 대한 성취(成就)에 관한 것입니다. 종종 다양한 종목의 운동선수들이 성취의 표본(標本)이 되는 경우가 많습니다. 우리에게 아주 친숙한 이름 박찬호, 박세리, 김연아, 김연경, 손흥민, 안세영 등이 생각나지 않습니까. 그들이 이룬 괄목(刮目)할 만한 성취 뒤에는 피땀 어린 노력이 얼마나 많이 있었을까요. 다음의 문장이면 충분히 느낄 수 있을 겁니다. "나보다 더 열심히 훈련을 한 선수라면 나를 이겨도 좋다."

모든 선수는 반드시 우승하겠다는 명확한 목표를 갖고 준비하며 출전합니다. 운동을 하는 것 자체에만 의미를 둔다면 생활체육인이지 실력이 뛰어나 대표로 뽑힌 선수(選手)라고 할 수는 없겠지요. 경쟁을 하다 보면 선수 간에 수준의 차이가 있기 마련입니다. 최고의 영예를 차지하는 이가 있는 반면 대부분은 중도에 탈락하게 됩니다. 이처럼 경기는 매정합니다. 승자와 패자로도 나뉘게 됩니다. 그러나 다음의 승리를 위해 준비하는 선수가 있기 때문에 순위는 언제든지 바뀔 수 있습니다.

인생도 경쟁을 하면서 살아가야 할 긴 과정이므로, 당신도 그 사회에서 어느 분야의 선수와 같다고 할 수는 있습니다. 다만 삶은 단순하게 소수의 승자와 다수의 패자로 갈리는 것이 아니라는 것입니다. 인생은 단일 종목에서의 승리로 매듭지어 지는 것이 아니기 때문이지요. 자신이 추구하려는 가치관을 얼마나 충족했으며, 스스로 만족할 수 있는지가 더 중요합니다. 오로지 자신이 생각하고 행동하며 추구하는 바에 의해서 좌우하게 됩니다. 따라서 눈높이를 높이고 여기에 맞도록 정진(精眞)하기 바랍니다.

아울러 자존감(自尊感: 스스로 품위를 지키고 자기를 존중하는 마음)도 굳건히 세우기 바랍니다. 그러기 위해서는 남과 비교하지 말고 자신의 삶에 집중해야 합니다. 당신이 좋아하는 것에 열정을 쏟고, 타인의 기대감에 자신을 맞추려고 하지 않기 바랍니다. 새로운 일에 도전하는 것을 두려워하지 마세요. 쓸데없는 걱정에도 빠지지 말고 단순하게 정리해서 생각합니다. 대관(大觀)하면 소찰(小察)할 것도 알게 됩니다. 매사를 긍정적으로 생각하고, 고정관념이 생기지 않도록 유연(柔軟)하기 바랍니다.

신체적으로 우수한 사람은 최상의 기록을 달성하려고 부단히 훈련하고 자신을 연마합니다. 두뇌가 우수한 사람은 지적인 능력을 높이기 위해 부단히 연구하고 실상(實狀)을 이해하려 합니다. 마치 서로가 다른 것을 추구하는 것 같지만, 자신의 존재 가치를 높이기 위해 꾸준히 노력한다는 점에서 같습니다. 박군이 어떤 유형에 속하든지 간에 자존감을 높여서 수준 높은 성취를 이루기 바랍니다.

다음은 자기의 개성(個性)을 발휘하는 삶, 넓은 세계와 함께하는 삶에 관한 것입니다.

인생은 자신의 역량을 발휘하면서 자발적으로 엮어 나아가야 할 자신의 세상입니다. 따라서 자신의 개성을 너무 억누르거나 감추지 않기 바랍니다. 우리 기성세대들은 개성을 내세우기보다 소속한 곳에 섞여서 어울리고 묻혀서 지내려는 성향이 많았습니다. 우리의 부모님들이 하시던 "어디서 함부로 나대지 말라"는 말씀이 생각납니다. 매사에 조심하라는 의미도 있었겠지만, 중용(中庸)을 지키고 치우치거나 나서지 말라는 의미도 없지는 않았겠지요. 하지만 성공하거나 성취하는 사람들의 대부분은 결국 그의 개성으로 인한 것입니다. 적절한 인화(人和) 만큼이나 개성의 발휘도 중요하다고 봅니다.

  인간관계 속에서 당신을 나타내는 특별한 요소가 개성이므로, 당연히 당신을 돋보이게 하고 발전적으로 활용하여야 합니다. 다만 자신의 개성만을 관철(貫徹)하려다가 타인에게 해를 주는 일이 생기지는 않아야겠지요. 그것은 곧 배려와 같은 의미일 것입니다. 아울러 많은 사람들이 세계를 상대로 삶을 영위하고 있듯이, 당신도 넓은 세계를 대상으로 삶의 목표를 세우고 일을 할 것을 권하고 싶습니다. 선택한 직종의 전문성을 높이려면 결국은 글로벌한 안목과 지식을 축적해야 하기 때문입니다. 이로써 박군이 세상 사람들에게 새로운 깨달음을 주거나 삶의 교훈을 제공해 주는 선구자(先驅者)·최고수(最高手)가 된다면 더 이상 바랄 나위 없겠지요.

  박군, 부디 다이내믹한 세계를 터전으로 하여 밝고 힘차게 노력하고 성취하기 바랍니다. 그리하여 널리 여러 사람을 이롭게 해주는 보람도 느끼시기 바랍니다. 파이팅!

인생의 제2막을 열어가는
군(軍)의 후배들에게 드리는 글

박연수 (애널리스트)

　우리는 평생직업으로 군인의 길을 택했다. 처음에는 직업군인의 삶이 어떤 것인지도 잘 몰랐다. 단지 그들이 입는 제복과 절도 있는 모습이 멋있었기 때문일 수도 있다. 그렇게 군대와 군인에 대해서 관심을 갖다 보니 주변에 제복을 입은 사람이 유독 많이 보였다. 눈에도 잘 띄었다. 군대가 하는 모든 일들이 믿음직스럽고 긍정적으로 보였다. 나도 군인이 되면 잘할 것 같았다. 그러나 눈에 보이지 않는 군인들 삶의 고초(苦楚), 끊임없는 긴장(緊張)과 책임, 제약(制約)과 희생, 독특한 군대문화 등을 이해하기까지는 많은 시간이 걸렸다. 이제는 그런 생활을 해보지 않고는 느낄 수 없는 것들을 회상해 본다.

인생 제1막인 직업 군인의 생활은 느슨하고 넉넉한 것과는 거리가 멀었다. 늘상 전투복을 입고 살았다. 계절이 바뀌고 근무지가 바뀌어도 일상의 복장은 전투복이었다. 다만 소속을 나타내는 부대 표지(標識)만 바뀌었다. 가끔 정복이나 근무복을 입기도 했지만, 대부분이 전투복이었다. 하기야 전투복이 생활하기에는 제일 편했다. 전투복을 입고 눈비를 맞아 본 사람만이 그 뻑뻑한 착용감을 느낄 수 있다고나 할까.

  군인의 삶에서 이사(移徙)를 떼어 놓을 수 없다. 보직이 바뀔 때마다 강원·경상·충청·전라도를 돌아다니면서 얼마나 많이 이사를 했던가. 다소라도 이사비용을 지원해 주는 제도는 군 생활이 끝나갈 무렵에 생겼다. 그러니 박봉에 이사비용으로 지출한 것만도 족히 몇천만 원은 될 거다. 총각 시절에는 따블백(duffle bag, 솔더백)에 넣으면 짐 꾸리기는 끝났는데, 가정을 이루고 식솔이 늘면서 이삿짐도 많아졌다. 근무지에서 홀로 살기와 어쩌다 가족들과 함께 살기를 반복하다 보니, 때로는 혼자 지내는 것이 더 편할 때도 있었다. 이런 삶이 정상적인 것인지 모르겠다.

  경계부대에서 근무할 때는 수개월을 비좁은 소초(少哨)에서 병사들과 함께 먹고 살았다. 계급이 바뀌고 직책이 달라지면 또다시 새로운 곳으로 이사했다. 계급이 여러 번 바뀌었고, 직책은 그것의 2~3배 정도 바뀌었다. 부대의 숙소가 부족해서 여러 차례 민가에 세를 들어서 살았다. 운 좋게 숙소가 생겨 입주하게 되면 좁으면 좁은 대로, 낡으면 낡은 대로 고마워하면서 살았다. 민가(民家)가 드물거나 완전 촌구석에서 살기도 했으며, 어쩌다가 도시 지역에서도 살았다. 그러나 그 지역에서 누릴 수 있는 문화 혜택과 필자(筆者)인 내가 누릴 수 있는 것은 별개인 경우가 많았다. 잦은 훈련과 야간근무, 위수(衛戍)지역을 벗어날 수 없는 활동 공간, 경계태세의 유지, 제한된 시간 내에 부대로 복귀해야 하는 옵션, 촉박하게 완수해야 하는 과업, 예기치 못한 상황의 발생 등이 일상생활을 묶어놓고 있었다.

지휘관 시절에는 야간과 휴일이 제일 걱정이었다. 일직 근무자가 지휘 공백을 메꾸어 주지만, 지휘관이 판단하고 결심해 줘야 할 큰 일들은 이 시간대에 발생했다. 그래서인지 야간이나 휴일에 울리는 군용 전화기 벨소리에 무척 민감했다. 필자는 잠에 깊이 드는 편이지만, 군용 전화기 벨소리의 첫 음이 울리려 하면 바로 깼다. 그 순간 나의 두뇌는 삽시간에 상황조치 모드(mode)로 바뀌었다.

부대에는 매 주일 신병훈련을 마친 병사가 전입해 온다. 그들과 대화를 해 보면 어려운 환경에서 성장한 병사가 왜 이렇게 많은지 새삼 놀랐다. 이들은 어느 정도 지나야 군 생활에 적응하게 되므로 신경을 많이 써야 했다. 그러나 신병은 매 주일마다 들어오기 때문에 일에는 끝이 없다. 신병훈련을 마치면 군복은 입은 이등병이 탄생한 것이고, 자대(自隊)에 배치되어야 비로소 제 몫을 하기 위한 군인이 서서히 되어간다.

그래도 신병으로 전입 왔던 병사들이 늠름한 고참이 되어가고, 계급장을 꽉 채우며 전역하는 모습에서 보람을 느낀다. 다양한 훈련과 과업을 열심히 수행하려는 그들의 모습에서 우리 사회의 밝은 미래를 기대해 보기도 한다. 소대장 시절에 만났던 소대원들이 지금은 사회의 직장에서도 은퇴한 나이의 베테랑들이다. 가끔 만나서 옛 추억을 나눌 때의 고마움과 기쁨은 이루 말할 수 없다. 지금은 호형호제(呼兄呼弟)하지만, 그래도 만나면 여전히 "충성!" 소리와 함께 전우애를 나눈다.

주기적으로 반복했던 갖가지 연습과 훈련은 군 생활의 반 이상을 차지한다. 계획하고 판단·결심·조치하며, 위기 상황을 관리하고 처리하는 능력을 갖추는 데에 가장 큰 도움을 주었다. 전투체육은 용기와 단결력, 체력 증진에 최고의 수단이다. 장병들의 상호관계를 돈독하게 하고 전우애를 높이는 훌륭한 기재(器材)라 하겠다.

　이렇게 지내면서 만났던 군의 선배님들은 모두 사회로 돌아갔다. 그리고 지금 필자도 고희(古稀)를 바라보는 사회인이 되어 있다. 군에서 복무하는 동안 전투에서 승리를 하거나 임무 수행 중에 순직하는 명예가 나에게 있을 것으로 생각했었다. 그리고는 부족하면 부족한 대로, 불편하면 불편한 대로 근무 여건에 맞추어 가며 살았다. 나라가 가난한 탓이므로 군이 절제할 수밖에 없다고 생각했다. 눈먼 나랏돈이 엉뚱한 곳으로 낭비되는 일이 있음을 알 턱이 없었다. 언젠가는 군을 떠나야 함에도 불구하고, 떠나는 마지막 날까지도 군인이고 싶었던 마음이었던 것 같다. 한편으로는 시원하지만, 다른 한편으로는 허전하다. 주된 직업이 없어졌다는, 나이가 들어간다는, 열정과 집념이 감소된다는 그런 느낌도 있다.

　군을 떠났지만 군 생활이 몸에 익숙해서인지, 때론 자유로움이 조금 어색했다. 이것이 정상인 것인지는 모르겠으나, 가끔은 자다가 군에 관한 꿈을 꾸기도 한다. 아직도 내 속에는 군인 기질이 남아 살아 있구나 하면서 웃어넘긴다. 이제는 함께 지냈던 후배들이 성실히 군무(軍務)를 수행하고 있는 모습을 응원하며 대리만족도 느낀다. 늦은 나이에 퇴역(退役)하여 사회로 나가는 게 명예롭지만 다소

막막한 느낌도 있었다. 하고픈 것은 많아도 막상 제2의 생업을 선택하는 것은 수월하지 않은 일이다. 그럼에도 오가는 길에서 인연이 된 후배들과의 여정(旅程)은 나에게 늘 새로운 감회(感悔)를 준다.

이제는 또 많은 후배들이 내가 머물고 있는 사회로 복귀할 차례가 되어 가고 있다. 필자는 후배들이 인생 제2막으로 살아야 할 사회와 살아가는 것에 대해 너무 많이 걱정하지 않기를 바란다. 오랜 군 생활을 통해서 체득한 지혜와 용기, 근면과 성실, 이타심(利他心)과 책임감은 당신의 귀한 재산이자 역량(力量)이라는 것도 잊지 않기 바라면서 아래의 글을 드린다.

> 후배에게 드리는 글….
> 나는 당신과 처음으로 만났던 날을 잊을 수 없습니다. 하늘이 정해 준 인연으로 우리는 그때 그렇게 만났던 것이더군요. 이런 당신과의 만남이 나에게는 또 하나의 새로운 과업(課業)이 되었습니다. 그 당시 당신의 파릇한 기백(氣魄), 총명한 눈빛과 열정은 함께 있는 나에게 뿌듯한 힘이 되어 주었습니다.
> 돌이켜보니, 우리 삶의 목적은 같았다는 것을 아십니까? 국가와 국민의 안위(安危)를 생각하고, 전장(戰場)에서 승리하기 위한 지혜(智慧)를 배우며, 조직을 이끌 참다운 용기(勇氣)와 덕(德)을 갖추는 일

이었으니까요. 이렇게 나와 당신은 선택한 그 길을 걸으면서 사사로운 것을 멀리하고, 녹록치 못한 군인으로서의 삶을 탓하지도 않으며, 동료 전우(戰友)들과 함께하는 생활에 익숙해 왔습니다.

이러한 우리 삶의 여정(旅程)은 짧은 듯하면서도 제법이나 길었습니다. 이렇게 가는 길에서 소중하게 함께하며 지켜야 가정(家庭)도 이루었고, 자식(子息)들을 보면서 가장(家長)으로서의 책임과 희망도 생겼겠지요. 그러다 어느새 모두 역전(歷戰)의 노장(老將)이 되었으니, 공인(公人)으로서 짊어졌던 책임과 의무는 또다시 당신의 후배들에게 훌쩍 물려줄 시간으로 다가오고 있습니다.

지나온 길에서 아쉬움이 없겠습니까만, 부끄럽거나 후회됨이 없음을 즐거워하세요. 부유(富裕)함은 아닐지라도, 부지런한 삶과 부족함이 없는 사랑을 물려준다면 자손에게도 미안할 일은 없는 것이 아니겠습니까? 이젠 가슴을 활짝 펴고 앞으로 더 나아가기 바랍니다. 그동안 피와 땀으로 지켜왔던 당신의 책임과 의무, 이제는 애닲은 자들을 걱정해주며, 세금(稅金)을 내고 봉사하는 것만으로도 충분할 것입니다.

그러므로 당신의 앞길은 즐겁고 건강하며, 가정과도 함께하는 것이길 바랍니다. 그리고도 아직 무엇인가 해야 할 것이 있다면, 당신이 하지 못해서 무척이나 아쉬웠던 일을 찾아서 하면 좋겠습니다. 자기 자신과 인생 동반자(同伴者)인 아내, 가정을 위한 일도 하기 바랍니다.

그리고 여유가 된다면, 짬짬이 쌓아온 삶의 지혜(智慧)를 글로 엮어서 소소히 읽히도록 남기는 것도 좋을 것 같군요. 어느 누군가가 당신의 성실한 삶과 지혜로운 글을 접하고서, 새로운 깨달음을 얻거나 널리 이로운 일을 할 수 있게 된다면, 그보다 더 보람된 일이 어디에 있겠습니까.

인생의 제1막에서 만났던 당신과의 추억을 회상하고, 당신의 소중한 인생의 제2막이 즐겁고 보람되기를 기원합니다. 그리고 함께 갑시다. 새로울 것 같은 여남은 인생의 길로….

세상은 아버지들에게 변하라고 외친다

-

손영종

옛날에 짚신 장수 아버지와 아들이 있었다. 짚신 짓는 기술이 훌륭한 아버지는 아들이 장성하자 기술을 전수해 주었다. 아들은 아버지의 기술을 이어받아 거의 나무랄 데 없이 튼튼한 짚신을 지을 수 있었다. 하지만 장날이 되어 짚신을 시장에 가져가면 항상 아버지의 짚신이 모두 팔리고 난 후에야 아들의 짚신이 팔리기 시작했다. 세월이 흘러 아버지의 임종을 지키던 아들이 아버지에게 그 이유를 물어보았다. 그러자 아버지는 아들에게 다른 설명 없이 "털, 털"이라는 말만 남기고 세상을 떠났다. 장례식을 마치고 집으로 돌아온 아들은 아버지의 짚신과 자신의 짚신을 비교해 보았다. 드디어 다른 점을 발견했다. 아버지의 짚신은 잔털들이 곱게 마무리돼 있었다. 그 이후 아들은 그 장터에서 제일 가는 짚신 장수가 되었다고 한다.

이처럼 과거에 아버지들은 자식보다 경험이나 능력이 출중했다. 아버지의 노동이 가족의 생계를 책임지는 유일한 수단이었기에 그의 노력이 돋보였다. 자연스럽게 아버지들을 존중하는 문화가 생길 수밖에 없었다. 요즈음은 어떠한가. 아버지의 역할이 눈에 보이지 않을뿐더러 가족들이 체감할 수 있는 사회적 환경이 허락하지 않는다. 모르고 궁금한 것은 네이버나 유튜브에 물어보면 모두 해결되는 시대다. 요즘 아버지들은 과거에 그들의 아버지들이 갖고 있던 삶의 지혜, 경험, Know-how로 뽐낼 수(?) 있던 권위와 위엄을 유지할 수 없게 되었다.

인기 드라마의 내용이다. 어느 자영업을 하는 아버지가 늦은 밤 피곤한 몸으로 집에 들어선다. 아내는 드라마 속 남자 주인공에게 푹 빠져 고개도 안 돌린 채 "왔어?"라고 건성으로 인사를 건넨다. 자기 방에서 스마트폰과 연결된 이어폰으로 음악을 들으며 인터넷 채팅을 하느라 아버지가 귀가했는지도 모르던 대학생 아들의 방문을 여니 고개만 까닥한다. 노랗게 물들인 머리에 한쪽 귀고리. '사내 자식이 그게 뭐냐?'라는 말이 어금니까지 차올랐지만, 꾹 참는다.

샤워하고 나오니 고등학생 딸이 학원에서 돌아온다. 그가 돌아왔을 때 본 척도 않던 아내는 "아유, 고생했다. 배고프지?? 뭐 먹을 거줄까?" 하며 아이에게 달려간다. 그제야 내일 막아야 할 어음 때문에 여기저기 뛰어다니느라 저녁도 못 먹은 게 기억난다.

딸 곁에서 한 숟가락 뜨고 싶어도 "여태 밥도 안 먹고 뭐 했냐"는 잔소리를 듣는 것이 귀찮아 쓰린 속으로 잠자리에 든다. 잠이 올 리 없다. 내일 막아야 할 돈도 다 못 구했는데…. 헛기침만으로도 위엄을 세우고 돈을 못 벌어도 무시당하지 않고, 새벽 시간까지 술 한 잔하고 들어와도 당당하게 아내에게 따뜻한 밥을 얻어먹던 아버지 밑에서 자란 우리다. '인내는 쓰다. 그 열매는 달다'며 열심히 공부하고 취직한 후엔 앞만 보고 달리며 자랑스러운 가장이 되겠다고 사회의 온갖 수모를 참아온 아버지들에게 돌아온 것은 찬란한 트로피가 아니라, 가족과 사회의 싸늘한 시선뿐이다. 직장생활도 잘 버텨야 하고 가정에선 아이들과 잘 놀아주는 친구 같은 아빠여야 하고 장보기도 함께하고 설거지 정도는 기본으로 하는 양성평등한 남편이어야 겨우 괜찮은 아빠란 소리를 듣는다. 물가보다 더 높게 오른 그것이 아버지에 대한 기대치인 것 같다.

사회학자들은 이 시대에 '아버지의 추락'은 예견된 일이었다고 말한다. "남성들은 본능적으로 자신을 강한 수컷, 멋진 권력자로 보이고 싶어 자신의 약점을 가장 가까운 가족에게도 노출하지 않는다"고 한다. 직장에선 상사에게 무능하다고 야단맞아도 집에 오면 큰소리치는 왕이 되고 싶어 한다. 그동안 밖에서 먹이를 가져오는 일만 하다가, 어느 순간 집에 틀어박혀 갑자기 가족과 정서적 관계를 맺으려니 당혹스럽고 자신의 약점이 드러날까 봐 두려워한다. 배우도 아닌데 갑자기 황제 역을 하던 아버지가 상냥한 친구로 변신할 수 있을까. 권위로 굳게 걸어 잠갔던 빗장을 풀고 여린 속내를 보여줄 수 있을까? 스스로 변신하지 않으면 아버지들은 뼈 빠지게 일만 하다가, 안방에서 혼자서 대장 놀이하다가 외롭게 쓸쓸하게 죽어가야 한다. 이제 아버지들은 자신에게 면죄부를 주고 자신에게 상장(賞狀)을 줘야 한다. 지금까지 착한 아들, 훌륭한 아빠가 되기 위해 노력했다면, 이제는 더는 가족이나 남의 눈치 보지 말고 좀 쉬어도 된다. 울지 마라! 중년 돌연사 1위, 4·50대 남성 자살률 1위의 대한민국에서 지금까지 죽지 않고 버텨온 자체가 충분히 칭찬받을 일이다. 당신이 최고입니다.

Attitude is Everything

-

이승필(육군본부 BCTP 전문교관)

　미국 출신의 동기부여 연설가인 키스헤럴의 『태도의 경쟁력』이란 책에 보면 "Attitude is Everything"이라는 말이 있다. 성공하는 사람과 실패하는 사람의 결정적인 차이는 단순한 감정이 아닌 선택 가능한 습관이라고 본다. 즉 훈련하고 의식적으로 유지해야 하는 정신 자세로의 '태도'에 달려있다고 보는 것이다. 같은 상황에서도 그것을 어떤 시각에서 바라보고 행동하느냐에 따라 결과는 달라진다. 예를 들어 성경에 나오는 유명한 다윗과 골리앗의 대결을 보면 당시 이스라엘 군대는 마치 산과 같이 덩치가 큰 골리앗을 겁내 산속에 틀어박혀 나오질 않았다. 그러나 다윗의 생각은 달랐다. '덩치가 크면 표적도 그만큼 큰 법!' 그리하여 한순간에 돌멩이를 던져

골리앗의 이마 중앙을 맞혀 넘어뜨렸다. 바로 이것이다. 같은 상황이라도 보는 시각과 행동하는 태도 여하에 따라서 결과는 다른 것이다.

우리가 일상 속에서 수많은 상황을 마주하게 된다. 때로는 자신의 역량을 넘어서는 일을 맡게 되기도 하고, 때로는 갑작스레 업무를 바꾸면서 설명 없이 '그냥 하라'는 식의 도무지 이해하기 힘든 상황과 맞닥뜨리게 된다. 이러한 다양하고 결정하기 어려운 환경과 조건에도 어떤 태도로 임하느냐 하는 것은 매우 중요하다. 일단 긍정적이며 적극적인 자세로 임해야 할 필요가 있다. 불평불만을 하다 보면 좋은 해결책과 결과를 얻을 수 없다. 주변을 돌아보면 불평불만을 일삼는 사람들이 꼭 있다. 불평하는 사람은 습관적으로 그렇게 하는 경향이 있다. 불평의 소리가 평생 입에서 떠나지 않는다. 이런 태도는 언뜻 편해 보일지 몰라도, 결국 스스로의 가능성을 가로막는 선택이다. 삶은 태도에 따라 달라지며, 그런 방식으로는 결코 진정 의미 있는 성과에 닿을 수 없다. 역사 발전은 긍정적인 태도로 도전하고 노력하는 사람에 의해 성취됐다. 이것은 시대가 변해도 변하지 않는 역사적 진리다.

유대인 학살의 상징으로 남은 폴란드의 아우슈비츠 수용소에는 이런 이야기가 전해진다. 수백만 명이 그곳에서 목숨을 잃었지만, 끝까지 살아남은 이들에게는 한 가지 공통점이 있었다. 아무리 극심한 굶주림과 강제노동, 비인간적인 처우, 언제 죽을지 모르는 공포 속에서도 그들은 끝까지 삶에 대한 '희망'을 잃지 않았다는 것이다. 바로 이런 긍정적인 '태도'가 삶과 죽음의 경계 짓는 중요한 잣대가 된 것이다.

현대를 살아가는 우리 역시 긍정적이고 적극적인 태도는 무엇보다도 중요하다. 반면에 주변 사람들에게 늘 불평불만하고 소극적이면 주변 사람들은 비난하거나 거리를 두게 된다. 그러면, 어떤 사람이 내 주변에 있으면 좋은가? 두말할 나위 없이 비록 어려운 처지에 있더라도 항상 밝은 웃음을 띠고, 적극적이며 긍정적인 태도를 보이는 사람일 것이다.

2차 세계대전 당시 전투 현장 실화를 바탕으로 만든 유명한 미국 TV 시리즈인 「Band of Brothers」를 보면 소벨 대위라는 지나치게 엄격하고 융통성 없는 지휘 스타일로 인해 중대원들에게 큰 부담과 갈등을 안긴 인물로 기억된다. 군사적인 지식은 터무니없이 부족한 데다 부하가 조금만 잘못하면 세세한 규정을 들먹이며 가혹하게 얼차려를 부여한다. 어느 날 그 중대가 노르망디 상륙작전에 대비하여 독도법 훈련을 하게 되었는데 그만 중대장인 소벨 대위는 군사지도를 잘못 판독하여 엉뚱한 곳으로 부하들을 끌고 갔다. 진땀을 뻘뻘 흘리며 부하들 앞에서 잘못된 사태를 수습하는 모습이 보기에도 민망하며 애처로울 정도다. 이렇게 실력 없고 부하에 대한 사랑도 없는 중대장을 미워하던 중대원들은 결국 결전의 날을 앞두고 다음과 같은 말을 나눈다. "소벨을 독일군이 죽이지 않는다면 우리가 그를 죽여야 한다." 그 말은 농담처럼 들렸지만, 그 속엔 무능한 리더십이 얼마나 치명적인 결과를 부를 수 있는지에 대한 절박한 인식이 담겨 있었다. 모두가 죽느니, 차라리 한 명만 희생되자는 극단적인 선택지였던 셈이다. 이런 극단적 선택은 월남전에서도 현실이 되었다. 프래킹(Fragging)이라 불리며, 병사들이 무능한 지휘관을 수류탄으로 암살한 사건(70년~71년)들이 실제로 보도되었다. 비극이자 전장의 잔혹한 민낯이다.

우리는 조직 내에서 어떤 위치에서 무슨 일을 하든 간에 리더나 팔로우인으로서 일한다. 직장인으로서 갖추어야 할 요건에는 여러 가지가 있지만, 무엇보다 긍정적인 태도와 내가 속해 있는 위치에 걸맞은 전문성이다. 일에 대한 실력이 없으면 결코 주변 사람들로부터 인정받을 수 없으며 신뢰를 줄 수 없다. 상사나 동료, 부하직원 등 주변 사람들이 믿고 따를 수 있도록 부단한 노력, 조직 분위기에 부응한 균형된 감각은 무엇보다 중요하다. 여가를 활용하여 다양한 분야의 서적 탐독도 필요하다. 그저 고집만 센 꼰대! 나이와 직급, 직책을 내세워 모든 것을 해결하려고 하는 시대에 뒤떨어진 사람이 아니라 주변 사람들을 진심으로 존중하고 그 사람의 인격과 실력에 녹아들 수 있게끔 자기를 관리하는 것 또한 태도의 일부분이라고 생각한다. 또한, 항상 적극적이고 긍정적인 삶을 살기 위해서 자기 자신에게 감사한 마음을 갖고 '난 못 해'에서 '도전해보자'하는 의식 전환도 필요하다. 그리고 작은 것이라도 생각만 하지 말고 행동으로 옮겨보자.

Attitude is Everything.

소중한 사랑은 가까이에 있다

이안규(국립의료원 의무헬기 기장)

　M. 머클로플린은 "성공적인 결혼생활은 똑같은 사람한테 여러 번 사랑에 빠지는 것이다."라고 했다. 연애 시절에는 열정과 신비로움에 사랑을 하고, 결혼하면 현실에 부딪쳐 삶 자체를 사랑해야 원만한 가정생활을 할 수 있다. 거리를 두고 사랑할 때는 좋은 점만 보이다가 가까이에 있게 되면 보이는 얼굴부터 화장기가 걷히고 맨얼굴에서 잡티부터 보이기 시작하며 내면에 있는 장점보다는 단점이 보이기 시작한다. 가까이 있을수록 전체를 볼 수 없으므로 사랑은 식어간다. 또한 자녀가 태어나면 사랑은 자연히 부부에서 자녀에게로 옮겨간다. 이때 명심해야 할 것은 자녀의 인성은 어머니의 사랑에 의해 형성되고 어머니의 사랑은 아버지에 의해서 사랑의 온도가 달라

질 수도 있다. 전통적으로 아버지는 경제적인 면뿐만이 아니라 어머니의 마음을 편안하게 하여 온전히 자식을 사랑할 수 있도록 해주는 근원이 되기 때문이다.

어떤 학자는 아버지가 자식들을 위해서 할 수 있는 가장 소중한 일은 어머니를 사랑하는 것이라 했다. 그것은 또 행복한 가정을 이루는 필수 조건이 되기도 한다. 수십 년간 다른 환경에서 자라 온 부부가 자신의 의견을 고집하는 순간부터 불행의 불씨가 싹 트게 된다. 이 불씨는 점점 눈덩이처럼 커지게 되고 끝내는 돌아올 수 없는 강을 건너기도 한다. 이러한 불씨가 생긴다면 많은 대화를 하고 마주 보지 말고 같은 방향으로 멀리 보고 희생과 배려하는 마음으로 모든 것을 내려놓고 내 편 네 편이 아닌 같은 편이 되어야 한다. 이렇게 불씨를 빨리 없애고 평생을 살아가는 방법을 스스로 찾아야 한다.

개인은 장점도 있고 단점도 있지만, 부부가 함께하면 서로가 부족한 부분을 메워줄 수가 있고 단점을 발견하면 그것을 메워준다는 생각으로 살아가면 된다. 이렇게 되면 서로에게 가장 소중한 존재가 된다.

105세 철학자 김형석은 "사랑이 있는 고생은 행복"이라고 이야기하는데 공감이 간다. 어렵게 산 정상에 올라 시원한 음료수 한 잔을 마시는 것도 달콤한 행복이듯이 고통을 견뎌내고 느끼는 행복은 무엇보다 소중하다. 어떤 어렵고 힘든 일도 부부가 사랑으로 함께하면 절대로 실패하지 않을 것이다. 사랑은 수학 공식이나 원칙이 정해져 있는 것이 아니라 나의 마음속에 늘 있음을 명심해야 한다.

준비된 인생 2막은 행복하다

-

이준환(한국교통안전공단 드론 실기평가관)

　1963년생인 필자가 포함된 베이비 붐 세대(1955년~1963년에 출생자)가 노령인구에 편입되면서 우리나라도 초고령화 사회에 진입하게 되었다. 그에 따라 정년 이후의 삶을 어떻게 보낼 것인가는 사회적 이슈다. 누구나 맞이하게 되는 정년 이후의 삶이지만, 주위를 둘러보면 막상 노후에 관한 생각을 미리 해보지 않아 막막함을 느끼는 사람들이 많다. 이에 인생 2막을 누구보다 행복하게 살고 있다 자부하는 필자의 경험과 가치관을 나눠보려고 한다.

　행복한 노후를 보낼 수 있는 필요충분조건은 무엇일까? 잠시 눈을 감고 생각해보자. 건강, 자식의 독립, 돈 등 많은 것들이 있겠으나 '경제력과 취미'에 대해 언급하려 한다.

　노후 필수행복조건이 경제력이라고 하면 가난한 사람들은 노후에 불행해야 하는가 하는 의문이 들 수 있다. 필자가 말하는 경제력이란 재산의 정도가 아닌 재산을 잘 사용하는 것, 즉 현금 유동성이 있어야 한다는 것이다. 세상에 돈을 싫어하는 사람이 있을까? 이처럼 바보 같은 질문은 없을 것이다. 그렇다면 돈에 만족이란 존재하는가? 그 또한 우리가 인간인 이상 재벌이라 해도 가히 만족이란 쉽지 않을 것이다. 그런데 주위를 돌아보면 본인이 사는 동안 안달복달하며 모은 재산을 다 쓰고 죽는 사람이 없다. 대부분 자신이 보유한 돈을 쓰지 못한 채 죽어가는데 우리는 왜 이렇게 돈에 집착하다 죽는 것일까?

　그 이유를 필자는 미래에 대한 불안이라고 생각한다. 미래보다 현재의 행복에 투자하라고 외치던 사람들을 '욜로족'이라고 칭한다. 한참 붐이 일던 '욜로족'이 지금에서는 빛을 잃었다. 살아보니 청년기에 '욜로족'으로 살아가면 미래에 대한 대책이 없었기 때문이다. 그렇지만 필자는 노년을 맞이하는 우리가 바로 그 '욜로족'이 되어야 한다고 말하고 싶다. 청·중년기에 열심히 살아왔다면, 노후에 와서는 그 투자의 방식이 반대로 되어야 한다는 것이다. 여전히 청·중년기에 머무른 자산운용 방식은 삶이 한정적인 노년에는 불필요하다.

'수십억 원대 거지'라는 단어에 대해 들어본 적이 있는가? 이 모순적인 단어는 퇴직 후 은행 융자에 퇴직금까지 털어 비싼 아파트를 매수해 여유 자금이 전혀 없는 사람에게 붙는 수식어이다. 여유 자금이 없어 난방기 가동을 줄이고, 오랜만에 걸려 온 반가운 친구 전화도 밥값 부담에 만나지 못하니 거지의 삶과 다를 바가 없다. 수십억 부동 자산이 있어도 당장 쓸 돈이 없으면 이와 같은 삶을 살아야 한다. 이것이 과연 내가 추구하는 삶인가에 대한 의문을 가져볼 필요가 있다. 우리는 왜 돈을 버는가, 우리는 왜 돈을 모으며 살아왔는가에 대한 본인의 확고한 가치판단이 필요한 것이다.

우리는 노후의 현금 유동성이 곧 행복 지수라는 것을 명심해야 한다. 현금 유동성을 확보하는 방법의 하나는 무리하게 넓고 좋은 부동산 자산 비중을 줄이고 현금 유동성을 확보하는 것이다. 지갑 사정이 사람의 여유가 되고 그 여유가 곧 당신을 행복하게 만들어 줄 것이라 필자는 확신한다. 그럼 언제까지 소비해야 할까? 우스갯소리로 필자는 보유 자산이 0원이 될 때까지 소비하라고 말하기도 한다. 이는 사치스럽고 방탕한 생활을 하라는 것이 아니라 그만큼 자신의 진정한 삶을 누리고 살아야 된다는 것을 역설적으로 한 말이다.

돈이 목적이 아니라 삶의 수단으로 잘 사용하는 것이 무엇보다 중요하다고 필자는 생각한다. 건전한 소비활동 안에서 느끼는 여유와 행복에 익숙해져야 한다. 자산이 많아서 행복한 것이 절대 아니다. 그 자산을 얼마나 잘 이용하여 행복해지는가에 집중하고 연습해야 한다. 행복해지는 연습을 하다 보면 백만장자가 부럽지 않고 죽는 날까지 날마다 행복한 삶을 가꾸어 나갈 수 있을 것임을 확신한다.

노후 준비는 재력만 있으면 된다고 생각하기 쉬운데 막상 노후를 맞이하면 돈 못지않게 중요한 것이 외로움이란 것을 알게 된다. 그것을 직접 깨닫는 순간 이미 늙어버린 자신을 후회하게 된다. 필자의 경험을 참고하여 독자들도 외롭지 않은 노후가 되기를 바란다.

필자가 추천하는 노후에 외롭지 않은 방법은? 영원한 친구와 취미를 함께하는 것이다. 그럼 영원한 친구 조건이 무엇일까요? 나를 가장 잘 이해하고, 취미가 같고, 언제든 만날 수 있으며 함께 울고 웃어줄 수 있는 친구이다. 독자 여러분은 세상에 이런 친구가 어디 있나 하겠죠. 필자는 젊은 시절에 이런 조건을 충족하는 친구를 찾았다. 바로 나의 평생 반려자인 아내이다.

노년의 부부를 보면 서로에게 데면데면하고 오히려 자식을 보며 살아가거나, 각자 다른 사회 속 친구들을 만나 의지하며 살아가는 경우를 많이 보게 된다. 평생 서로 각자 치열하게 살다가 노년이 돼서 만나면 함께 보내는 시간이 서로 어색하다고 토로하는 얘기도 종종 듣게 된다. 이렇게 부부가 불편한 사이가 된 것은 젊어서부터 노후를 준비하지 않았기 때문이다.

　필자는 결혼 전 아내와 데이트 할 때는 탁구를, 결혼 후에는 테니스·등산·골프 등 다양한 취미생활을 언제나 아내 함께했다. 퇴직 후 현재도 늘 부부골프를 즐기는 영원한 친구가 되어 있어 외롭지 않다.

　노후에 새롭게 취미생활을 시작하고 친구 사귀는 것은 기회가 적고 신체적 제약과 경제적인 부담이 있어 젊은 신혼부터 함께 취미생활을 권한다. 중년이 되어 만약 늦었다고 생각되는 지금이 가장 빠른 때이다. 오늘부터 어색하더라도 아내와 함께하는 취미를 찾아보라. 당신이 투자하는 시간과 노력만큼 노후가 외롭지 않을 것이다.

조심(操心)도 훈련이 필요하다

-

최점현(태권도인, 9단)

5일마다 장이 서는 집 앞의 재래시장을 아내와 함께 가끔 들린다. 길 건너 사거리 맞은편에 시장이 있어 횡단보도를 두 번이나 건너야 하는데 갈 때마다 녹색불의 카운트다운이 반쯤 진행 될 때가 잦다. 나는 매번 뛰어서 건너자고 하고 아내는 다음 신호를 기다리자고 한다. 누구의 말이 더 맞는지 알 수는 없다. 녹색불이니 건너자는 말도 맞고, 안전하게 다음 신호를 기다리자는 말도 일리가 있다. 정말 급한 경우가 아니라면 굳이 다음 신호까지 기다리지 못할 이유도 없는데 대부분 사람은 녹색불이란 규칙에 지나치게 의존하는 경향이 있다.

가끔 노인들이 아슬아슬하게 건널목을 뛰어 건너는 것을 자주 본다. 때로는 차가 달리는 도중에도 무단횡단을 하는 사람도 있다. 급한 사정이 있을 수도 있겠지만, 삶의 황혼기에 왜 저렇게 서두르며 위험까지 감수하면서 뛰어야 하는지도 궁금하다. 이 글을 쓰고 있는 필자 역시 자동차 운전 중에 건널목의 신호가 황색일 때 액셀을 가속하여 아슬아슬하게 신호 위반을 면했던 경험이 많았다. 신호 위반의 과태료는 면했다고 하더라도 안전 차원에서 보면 생명을 담보로 한 도박이나 다름없는 일을 저지른 셈이다. 서두르지 않는 삶이란 이론적으로 아는 것만으로는 부족한 것 같다. 행복한 삶을 위해서는 국가나 사회 등 조직으로부터 제공 받는 안전 시스템도 중요하지만, 스스로 안전에 대한 마인드를 가지고 생활 속에서 안전이 보장되도록 나름의 규칙을 만들어 실천하는 습관이 중요하다.

얼마 전 서울의 H병원에 근무하는 유명한 의사가 긴급수술을 위한 병원 측의 호출을 받고 새벽에 출근하는 길에 건널목에서 신호를 위반한 차량에 치여 사망하는 일이 있었다. 또 춘천에서도 새벽 기도를 마치고 건널목을 건너는 여성 세 분이 신호 위반 과속차량에 치여 생명을 잃은 안타까운 일이 있었다. 물론 망자의 처지에서 보면 그들은 법률이 정한 교통 규칙을 완벽하게 준수했지만 이미 안타까운 일은 벌어졌고, 억울하지만 이미 저세상의 사람이 된 후다. 일부이긴 하지만 요즘 젊은 사람들은 길을 걷거나 심지어 차량이 달리는 건널목에서 이어폰이나 스마트폰을 하느라 주변의 상황은 아랑곳하지 않아 위험 상황에 노출되는 것을 종종 본다. 안전이란 측면에서 바라보면 위험천만한 행동이 아닐 수 없다.

필자는 군 생활의 대부분을 헬기 조종사로서 공중 근무 직위의 보직을 수행했다. 개인 비행시간이 2천 시간을 넘겼으니 비행 임무 수행 중 경험했던 아찔했던 순간이 한두 번이 아니었다. 심지어는 항공기가 비행 중임에도 불구하고 지상에 착륙하였다고 착각하여 승무원이 공중에서 뛰어내린 어처구니없는 사고도 있었다.

나는 안전에 대해 무감각하고 안전의식 없이 남의 탓을 하는 가까운 지인들에게 농담조로 이런 말을 자주 한다. "망우리 가봤냐?"라고. 망우리는 과거부터 공동묘지가 있던 지역으로 공동묘지를 연상케 하는 말로서 불의의 사고를 당한 사람들은 본인이 법과 규칙을 잘 준수한 것과는 관계없이 남의 잘못으로 억울하게 그곳에 와 있을 수도 있을 텐데. 돌이킬 수 없는 일이 일어난 후 남의 탓을 하는 꼴이 되어서는 안 된다는 것을 강조하는 나 혼자만의 말이다.

신호등이 녹색이라 할지라도 주변 상황을 확인하고 때로는 멈출 수 있어야 한다. "당신 망우리 가봤어?" 고장이 난 적색 신호등 앞에서 하루 종일 기다리지 않듯이, 정상 작동하는 녹색 신호등에서도 주변 상황을 살피는 여유를 습관화해야 한다. 이유와 핑계는 용서되지 않는다.

위기대처 능력! 실생활에서도 필요하다

최점현(태권도인, 9단)

생활 속에서 간혹 예기치 못했던 상황에 직면한다. 깜박 잊고 중요한 물건을 챙기지 않아서 낭패를 당하거나, 제한된 시간 내 능력 범위 밖의 많은 업무를 동시에 처리해야 하는 등 일상 속에서 정도의 차이는 있을지언정 누구나 한두 번은 그런 상황에 부닥쳐 본 경험이 있을 것이다. 바로 그런 상황에서 요구되는 것은 무엇보다도 상황판단을 제대로 하는 것이다. 그래야 사태의 본질을 파악할 수 있고 그에 따라 적절한 대응을 할 수 있는 것이다. 필자는 적어도 이런 사안에 대해서 평소 많이 고민해 왔고 대화의 주제로도 많이 언급해 왔다

몇 해 전 필자는 충남 대천에 가족여행을 갔었다. 하루는 갯벌에서 조개를 캐고 있었는데 젊은 남녀 두 쌍이 고가의 승용차를 몰고 비교적 단단해진 갯벌 위에서 드라이브를 즐기고 있었다. 조금 뒤 승용차는 물이 고인 한 지점에 한쪽 바퀴가 빠져 왱왱 소리를 내고 있었다. 그들은 자동차를 빼내기 위해 액셀을 밟고 이리저리 핸들을 돌려 보았지만, 오히려 승용차는 헛바퀴를 돌릴 뿐 땅에서는 물이 차오르고 자동차 바퀴는 점점 진흙 속으로 빠져들었다.

필자를 포함하여 서너 명이 합심하여 자동차를 뒤에서 밀고 돌멩이와 나뭇가지를 차바퀴 밑으로 끼워 탈출을 도왔지만, 우리가 깔아놓은 돌멩이 턱을 넘지 못하고 오히려 바퀴는 땅속으로 계속 빠져들었다. 썰물이었던 바닷물은 점점 해안가로 다가오는 중이었고, 한 시간 후에는 바닷물이 밀물이 되어 자동차는 완전히 잠길 수밖에 없는 상황이었다. 남자 서너 명의 힘만 추가로 보태면 차는 늪에서 확실하게 빠져나올 것 같았다. 질퍽한 땅 위에서는 어떤 장비의 힘보다는 원시적이긴 하나 "하나, 둘, 셋"의 구령을 붙여 여러 사람이 힘을 모아 밀고 당기는 아날로그의 힘이 최고라는 것을 직감했다. 어렸을 적 시골에서 볏짚이나 나락을 가득 싣고 무논에 빠진 달구지나 경운기를 끌어냈던 일을 직접 경험해 보았던 나는 누구보다 잘 알고 있었기 때문이다.

해안가에 있는 상가 주택까지는 약 600~700미터 정도 떨어져 있었기에 빨리 달려가서 조금의 사례비를 드리거나 후사할 것을 약속하더라도 주민에게 도움을 요청하는 것이 최선이라는 말을 전했다. 그들은 나의 조언을 귀담아들으려고 하지 않았다. 상황이 안타까워 몇 번이고 말을 건넸는데 그들은 아랑곳하지 않았다. 옆에 있던 아내가 남의 일에 한 번이면 됐지, 오지랖 넓게 그만 참견하라고 하면서 나의 팔을 끌었다. 그들은 현장에서 누군가에게 도움을 요청하는 것보다는 보험사를 통해 구난차를 요청하고 있었다. 시간이 흘러 바닷물이 자동차 바퀴의 중간 높이까지 차올랐을 때 구난차가 도착했다. 현장에 구난차가 도착했지만, 이미 물이 찬 갯벌에는 구난차마저도 진입할 수 없었다. 그러던 차에 바닷물은 서서히 만조가 되었고, 젊은 남녀는 발을 동동 굴렀다. 승용차는 바닷물에 잠기기 시작했고 사람들은 뭍으로 나와 물속에 빠진 자동차를 쳐다만 볼 수밖에 없었다.

필자가 현재 근무하고 있는 BCTP(Battle Cammand Training Program)단은 군의 주요 결심권자의 상황판단 능력을 배양하고, 통합작전 수행능력을 향상하기 위한 컴퓨터 모의기법을 활용하여 훈련하는 부대이다. 그러다 보니 자연스럽게 생활 속 뉴스나 어떤 사건 사고를 접할 때, 책임자가 왜 그런 판단을 했는지, 다른 방안은 없었는지, 스스로 사건 현장의 책임자가 되어 전반적인 상황을 강평 (after action review) 해보는 것이 습관화되어 있다.

조직의 크고 작음에 관계없이 어떤 조직에서 리더는 그 조직의 운명을 좌우할 수 있는 중요한 위치에 있는 사람이다. 따라서 리더는 어떤 상황이 발생하였을 시 지식과 경험으로부터 나오는 적절한 상황판단 능력이 있어야 한다. 우선 정확한 상황을 판단하기 위해서는 객관적인 사고와 분석 능력이 요구된다. 시간을 다투는 급박한 상황에서는 뛰어난 직관과 결단력도 필수적이다. 어떤 결심을 할 때는 단순한 선택이 아니라 결과에 책임을 지는 것까지 고려해야 한다. 위의 사례에서도 주변 사람의 의견과 자신의 의견 중 어떤 방안을 선택하는 것이 적절했는지? 아니면 두 가지 방안을 모두 선택할 수는 없었는지? 생각해 볼 일이다.

누구든 모든 일을 직접 경험하여 배운다는 것은 불가능한 일이다. 또 그렇게 할 수도 없다. 위에서 언급한 객관적 사고와 분석 능력, 직관력을 향상하기 위해서는 우리 주변에서 일어나는 각종 사건 사고에 대하여 역지사지의 입장에서 '나였으면 어떻게 대처했을까?'에 대하여 스스로 질문하고 고민하는 습관이 필요하다. 습관도 훈련이 필요하다.

진실도 때로는 악(惡)이 된다

최점현(태권도인, 9단)

육군항공학교는 우리나라 헬리콥터 조종사 양성의 요람이다. 민·관·군을 통틀어 규모나 역사, 전통 면에서 과히 최고라 평한다. 헬기 조종사 양성을 위해서는 최소 일 년 정도의 시간이 필요하다. 1990년, 필자가 육군항공학교 조종 교육을 받을 당시에는 한 개 기수에 25명을 선발하여 약 한 달간의 임시 입교를 시킨 후, 비행훈련과 교우도식 평가 등 전반적인 훈육점수를 종합하여 평가 기준에 도달하지 못하는 10% 정도의 인원을 중도에 탈락시키는 제도가 있었다.

필자를 포함하여 당시 입교생들을 가장 힘들게 한 것은 교우도식 평가였는데, 한 달 기간 같은 공간에서 훈련하고 생활한 뒤, 모든 구성원을 대상으로 도덕성, 전문성, 솔선수범, 희생정신, 충성심 등 평가 요소별로 등급을 부여해 상호평가를 하는 것이다. 평가 결과 여러 사람으로부터 집중적으로 하위 등급을 받은 사람을 우선 선별하고, 추가로 비행훈련 성적과 적성평가를 종합하여 퇴교를 명령한다. 따라서 교육생들은 입교 시부터 자발적으로 생활관 청소는 물론, 이론교육, 비행훈련 등 학교생활 전반에 걸쳐 성실하게 솔선수범하고 본인의 성적을 위해서라도 상대방을 배려하고 존중한다. 또 일기 형태로 작성하는 수양록 또한, 매주 1회씩 훈육관으로부터 공개평가를 받아왔으니 심적 부담이 매우 컸다.

이처럼 철저한 규율 속에서도 20대 초반의 젊은이들이 오랜 기간 한 공간에서 생활하는 동안 상호 마찰은 없었겠는가? 심지어 언쟁은 물론 서로 치고받는 물리적 마찰도 생길 때도 있었다. 어느 날은 한 교육생이 본인이 제일 미워하는 한 학생을 골탕 먹이겠다는 생각에 한가지 꾀를 냈다.

    A교육생의 수양록 일지 (OO년 OO월 OO일)
    "B교육생이 오늘 계류장(항공기를 위치 시키는 공간) 내에서 담배를 피웠다."

다음날 A교육생의 수양록에 금지된 장소에서 자신이 담배를 피운 사실을 기록했다는 말이 퍼지자, B교육생은 A교육생을 찾아가 그 기록을 지워 달라고 언성을 높였다. 그러나 A교육생은 사실을 기록한 것이기 때문에 삭제할 수 없다고 딱 잘라 말했다. B교육생은 A교육생에게 여러 번 찾아가 평소 자신의 무례함을 사과하고 부탁했지만, 끝끝내 부탁을 거절했다. 비록 비행훈련이 종료된 시간이었지만 자신이 금지된 곳에서 담배를 피운 것은 사실이기에 더 이상 할 말은 없었다.

며칠이 지난 뒤 B 교육생은 복수를 계획한다.

> B교육생의 수양록 일지(OO년 OO월 OO일)
> "웬일로 오늘은 A교육생이 취침 시간에 백도('Back 도'로 윷놀이 형태의 놀이를 당시에 그렇게 불렀음)를 하지 않았다."

위 소문을 들은 A교육생은 B교육생을 찾아가 당장 삭제할 것을 요구했다. "이 내용은 내가 취침 시간에 항상 윷놀이를 하는 것처럼 보이잖아."라고 따졌지만, B 교육생은 "평소 다른 날에 '백도'를 하는 것을 자주 봤지만, 그날은 A 교육생이 '백도'하는 것을 보지 못했기 때문에 나는 사실을 기록한 것뿐이다."라고 대답했다. 한 달이

지났고, 결국 두 교육생은 모두 퇴교 명령을 받았다.

사람의 말과 표현은 어떤 마음을 가지고 있느냐에 따라 진실이 거짓보다 더 악할 수 있다. 진실과 거짓은 사실 자체에 있는 것이 아니라 사람의 마음속에 있는 듯하다. "누가 옳은가?"라는 것보다 더 중요한 것은 서로에게 상처를 주는가 주지 않는가이다. 사람을 미워하고 원망하기 시작하면 그 사람이 아무리 좋은 말과 바른 행동을 하여도 좋게 보이지 않는다. 내가 옳고 정당하다고 밝혀지더라도 상대방이 마음에 상처를 입고 나를 원망한다면, 차라리 "둘 다 그르다."하고 사이좋게 지내는 것이 훨씬 더 현명한 일이다.

엮은이의 말

　어느 초보 재단사가 여러 색의 천을 얻어다가 재단하여 몸에 맞지도 않은 옷을 겨우 만든 기분이다. 그러다 보니 맵시 있는 옷이 나올 리가 없다. 풍성한 상의, 홀쭉한 바지, 그것도 한쪽 가랑이는 사타구니 옆까지 걷어 올린, 볼품없는 허수아비를 만든 것 같아 부끄러운 마음이다. 한편으로는 소리 내어 부르지 않으면 노래가 아니라는 말에 용기를 내어 시작했다.

　투박하여 세련되지는 못하더라도 새와 짐승을 쫓아낼 수 있는 허수아비를 만들고 싶었다. 뙤약볕 아래서 알차게 익어가는 곡식과 열매 한 톨이라도 지킬 수 있는 허수아비가 된다면 더 이상의 바람은 없다. 책이 출판되기까지 아낌없는 지원을 해주신 생각나눔 이기성 대표님과 출판사 관계자님께 감사의 마음을 드린다.

저자 소개

김 민 호

- 전남대학교 자원공학과 졸업
- 한양대학교(석사), 원광대학교(박사)
- 7공수여단장(준장)
- 육군종합행정학교장(소장)
- 우석대학교 군사학과 교수

김 슬 옹

- 연세대학교 국어국문학과 졸업(학사, 석사, 박사)
- 상명대학교 대학원 문학박사
- 동국대학교 대학원 국어교육학 박사(겸임교수)
- 한국외국어대학교 교육대학원 객원교수
- 세종 국어문화원 원장

김 향 자

- 오상고 졸업
- 영남이공대학교 간호학과 졸업
- 영남대 환경보건대학원 졸업(석사)
- 캐나다 상처장루 전문병원 연수
- 영남대학교병원 상처장루 전문간호사

박 균 용

- 군사학 박사(국방정책 및 전략전공)
- 통일안보전략연구원 전문연구위원
- 한국국가전략 연구원 연구위원
- 통일부 통일교육위원/국민권익위원회 전문강사
- 전 국방부군사편찬연구소 책임연구원(부이사관)

박 연 수

- 충남대학교 행정대학원
- 전 합동참모본부 JWSC 애널리스트
- 전 세계태권도연맹 국제심판/기술분과위원, 6단
- 현 한국안보협업 연구소 연구위원
- 현 KBS 및 국민신문고 패널, 애널리스트

박 정 훈

- 경상고 졸업
- 동아대학교 중문학과 졸업
- 한화 갤러리아 전무
- 한화갤러리아 영업본부장
- 한화갤러리아 센터시티 점장/상품본부장

손 영 종

- 대구과학대학교 졸업
- 법무부 범죄예방위원회 칠곡군 지부장
- 경상북도 왜관라이온스 회장
- 오상고 동기회장, 칠곡군건설협의회 회장
- 합) 성림건설 대표이사

이 승 필

- 강릉 명륜고 졸업
- 호남대학교 행정학과 졸업(석사)
- 육군대학 정규과정 졸업
- 육군 전차대대장(중령)
- 현 육군본부 BCTP전문교관

이 안 규

- 고려대학교 경영대학원 졸업(석사)
- 육군항공학교 졸업(조종사, 교관과정)
- 육군항공학교 계기비행 전문교수
- 국토교통부 항공실기 시험평가관
- 국립의료원 의무헬기 기장

이 준 환

- 영남대학교 토목학과 졸업
- 건국대학교 행정대학원 졸업(석사)
- 육군항공학교졸업(헬기조종사)/전력처장
- 육군항공대대장/공격항공여단 부여단장
- 한국교통안전공단 드론 실기평가관

최 점 현 (엮 은 이)

- 경희대학교 태권도학과 졸업
- 국방대학교 대학원 안보정책전공(석사)
- 육군항공 기동헬기대대장(제1야전군)
- 육군항공학교 비행교관/육군 BCTP 작전교관
- 국기원 지도위원/세계태권도연맹 국제심판(9단)